DECISIONTEAM
THE E&P DATA MINING COMPANY

DECISION TEAM - SOFTWARE GMBH
Mühlgasse 56/1
A-2500 Baden, Austria

UEBERREUTER
WIRTSCHAFT

Karina Matejcek

Newsletter und Mailinglisten

Marketing per E-Mail

UEBERREUTER
WIRTSCHAFT

Die Deutsche Bibliothek – CIP-Einheitsaufnahme

Matejcek, Karina:
Newsletter und Mailinglisten : Marketing per E-Mail /
2., aktualisierte und erweiterte Auflage
Karina Matejcek. – Wien : Wirtschaftsverlag Ueberreuter, 2001
ISBN 3-7064-0775-2

Unsere Web-Adressen:
http://www.ueberreuter.at
http://www.ueberreuter.de

S 0651 1 2 3 / 2003 2002 2001

Umschlag: INIT, Büro für Gestaltung
unter Verwendung eines Bildes der Bildagentur Bavaria

Printed in Czech Republic

Inhalt

Geleitwort von Markus Stolpmann

Das Internet erobert sich in allen Branchen einen immer größeren Anteil an der Unternehmenskommunikation. Kaum ein Unternehmen, das heute ohne eigene Website auskommt. Das klassische Marketing muß hierauf reagieren und neue Kommunikationskanäle, aber auch neue Marketinginstrumente beherrschen lernen. Personalisierung und 1:1-Marketing heißen die Schlagworte – individuelle Ansprache und abgestimmte Inhalte, zu neudeutsch »Content«, bestimmen die Werbeformen der Zukunft.
Ein abgestimmter Marketingmix hilft, die »Message« zielgerichtet, effektiv und effizient an die richtigen Adressaten zu transportieren. Das Ziel muß es sein, sich zu differenzieren und auch im Internet eine Marke aufzubauen, die mit dem Angebot langfristig identifiziert wird! Dazu sind drei Aufgaben zu bewältigen:

1. Interessenten finden
2. Interessenten zu Kunden machen
3. Kunden binden und zu Stammkunden machen

Viele Online-Anbieter haben erkannt, daß es mit der Erstellung einer Website allein nicht getan ist. Das richtige Marketing aber, die richtige Strategie, um Kunden zu finden, ist eine Herausforderung. Und sie zu meistern wird immer wichtiger, denn:

- Es sind immer mehr Nutzer online.
- Die Zahl der Online-Angebote steigt rapide.

Damit wird es immer unwahrscheinlicher, daß jemand »zufällig« das richtige Angebot findet. Lenkung tut also Not. Als Berater für Internet-Strategien und Online-Marketing kann ich Ihnen versichern: Es bedarf einer ausgewogenen Balance – Ihre Marketingaufwendungen müssen kreativ, zielgerichtet und umfassend sein, aber zugleich auch in einem angemessenen Verhältnis zum erwarteten Ertrag stehen.
Dabei greifen zahlreiche Faktoren ineinander, wie Domain-Name, Gestaltung des Online-Auftritts, effektive Online-PR, aber auch neue Online-Werbeformen und Sponsoring. Auch Suchmaschinen, Wording, Gewinn-

spiele und Sonderaktionen haben große Bedeutung für den Marketingerfolg. Im Mittelpunkt steht das 4P-Modell (die Ausgestaltung der Marketingvariablen Product, Price, Place & Promotion), in das alle Maßnahmen eingeordnet werden und das die Notwendigkeit der Verknüpfung von Online- & Offline-Marketing verdeutlicht. – In meinem Buch »Online-Marketingmix – Kunden finden, Kunden binden im E-Business« habe ich versucht, diese Wechselwirkungen zu verdeutlichen und Tips für einen individuellen Maßnahmenplan zu geben.

Keinesfalls jedoch darf man E-Mail als Kommunikations- und Werbeinstrument im Online-Marketingmix vergessen. Marketing per E-Mail, der Einsatz von Newslettern und Mailinglisten, wird in Zukunft immer mehr an Bedeutung gewinnen. Unternehmen und Organisationen aller Größenordnungen können gemäß dem Motto »Push statt Pull« über E-Mail zielgruppenorientiert Kunden und Interessenten kontaktieren – und das zu konkurrenzlos niedrigen Kosten. Insofern ergänzt das vorliegende Buch meine Aussagen ideal.

Zudem ist eine erfolgreiche Kundenbindung die Voraussetzung, um das Potential eines Web-Auftritts optimal zu nutzen. Sie bildet die Grundlage für eine dauerhafte und partnerschaftliche Zusammenarbeit mit den Kunden. Haben Sie eine Strategie, um durch Ihre Website langfristige Kundenbeziehungen zu etablieren und eine loyale Nutzerbasis aufzubauen? Der gezielte Einsatz von leistungsfähigen Instrumentarien der Unternehmenskommunikation wie Newslettern und Mailinglisten, Autorespondern und E-Mail kann hier wahre Wunder bewirken. Wer seine Kunden durch optimalen Service und individuelle, fokussierte Angebote zufrieden stellt, ist auf dem besten Wege, diese zu Stammkunden zu machen.

Karina Matejcek beschreibt in ihrem Buch, das nun in einer 2., aktualisierten und erweiterten Auflage vorliegt, praxisnah die wichtigsten Grundlagen für ein erfolgreiches E-Mail-Marketing. Unternehmen und Organisationen, die sich aus den verschiedensten Gründen mit dem zielgruppenorientierten und kostengünstigen Online-Marketing beschäftigen, finden hier ein kompaktes Handbuch zum Thema. Die Inhalte reichen von technischen Grundlagen über die Ressourcenplanung bis hin zur Betreuung einer Mailingliste. Welcher Inhalt muß in einen virtuellen Newsletter, damit Online-Marketing nicht als »Werbemüll« angesehen wird? Welche Ressourcen sind zu planen, und wie werden Textanzeigen gestaltet? Das Buch bietet Hinweise zu praxistauglichen Programmen für Mailinglisten und Tips für den Aufbau und die Erstellung von kundenorientierten Newslettern. Checklisten, Textbeispiele, Literaturhinweise und weiterführende Links runden das Werk ab.

Ich wünsche Karina Matejcek für ihr Buch und den Leserinnen und Lesern für ihre Online-Projekte viel Erfolg!

Las Vegas, im November 2000

Markus Stolpmann
Stolpmann@mail.com

Freier E-Business Consultant
Autor der Bestseller »Online-Marketingmix« (2. Auflage, Galileo Press 2001) und »Kundenbindung im E-Business« (Galileo Press 2000)

Vorwort der Autorin zur 1. Auflage

»Das Internet ermöglicht Gespräche zwischen Menschen, die im Zeitalter der Massenmedien unmöglich waren.« – »Sowohl in intervernetzten Märkten als auch in intravernetzten Unternehmen sprechen Menschen miteinander auf eine machtvolle neue Art.« – »Diese vernetzten Gespräche ermöglichen es, daß sich machtvolle neue Formen sozialer Organisation und des Austausches von Wissen entfalten.« (Thesen 6, 8, 9 des Cluetrain Manifest, http://www.cluetrain.com/, übersetzt von Holger Pabst, http://www.screen-business-online.de/)

Montag 9 Uhr, ich setze mich an den Schreibtisch, an dem ich nun wieder fünf Tage lang meiner Arbeit als Web-Redakteurin nachgehe. Ich bin unter anderem für die Gestaltung eines kleinen Online-Magazins verantwortlich, das aus einigen Artikeln zu Internet-Themen und aus Surftips besteht. Der Tag beginnt mit einem Blick in die Mailbox, eines meiner Hauptwerkzeuge, nein, das Hauptwerkzeug für meine Arbeit. Seit Freitag abend haben sich dort jede Menge Schätze angesammelt: Agenturmeldungen, Aussendungen von Unternehmen, News-Digests, die unterschiedlichsten Newsletter, Beiträge aus Diskussionslisten, Linktips von Besuchern unseres Firmenportals, E-Mails mit interessanten Meldungen, die mir von Kollegen weitergeleitet wurden ...
Während ich sichte, überfliege, manches genauer lese, ablege, lösche – kommen weitere elektronische Botschaften dazu – »oh, interessant, dieser Newsletter kommt sonst immer freitags! Was da wohl los war? Vielleicht lag der Redakteur mit Grippe im Bett!« schießt es mir durch den Kopf. – Ich sortiere die Meldungen für mein heutiges Programm und stelle fest, in der Rubrik »Online-Recht« fehlt mir noch eine Idee! – Na, macht nichts. Gegen 12 Uhr kommt der passende Newsletter, da wird schon was dabei sein. – Am Nachmittag gönne ich mir eine Kaffeepause – mit einem ganz besonderen Leckerbissen: Der NetNite-Newsletter hält immer, was er verspricht – die nächsten zehn Minuten erfreue ich mich an der flotten Schreibe und den höchst informativen Nachrichten aus der Online-Welt. – Der Tag ist schnell herum, meine Artikel sind online, meine Leser erfreuen sich am Link des Tages, und ich drucke mir noch rasch den neuesten Newsletter von GMX aus – den werde ich mir in der U-Bahn gönnen.

Der Preis für all diese Herrlichkeiten: das Ausfüllen eines Formulars auf einer Website oder das Absenden einer E-Mail ohne Text an »subscribe@list-xyz.de«. Nicht mehr und nicht weniger. Und ich werde jeden Tag zuverlässig mit allem versorgt, was ich brauche.

E-Mail ist das Zauberwort, um das sich dieses Buch dreht. Ich möchte Sie dazu anregen, sich mit den interessanten Möglichkeiten des Marketings im Internet, im besonderen der Möglichkeiten von E-Mail, zu befassen.
Das Buch ist aus der Sicht einer Anwenderin verschiedener hier dargestellter Tools und Programme, aber auch aus der Sicht der »Konsumentin« geschrieben. Der tägliche Umgang mit den Ergebnissen von E-Mail-Marketing hat meinen Blick dafür geschult, was funktioniert und was eher rasch im virtuellen Papierkorb landet. Diese Ergebnisse werde ich Ihnen anhand von Beispielen zeigen.

Das Buch ist für Unternehmen aller Größenordnungen und für Organisationen gedacht, die sich mit dem Thema Online-Marketing beschäftigen. Die Gründe für dieses Interesse können durchaus vielfältig sein: vom Engagement im Bereich E-Commerce über die Präsentation von Leistungen und Services in Verbindung mit einem Webauftritt bis hin zum Anbieten von Informationen aller Art.
Ich möchte Ihnen zeigen, daß das Internet durch den gezielten Einsatz von E-Mail zu einem Instrument werden kann, mit dem Sie Ihren Aktionsradius enorm erweitern, ohne Ihr Budget gleichzeitig im selben Maße erhöhen zu müssen.
Dieses Buch richtet sich an Ein-Mann-Unternehmen genauso wie an Marketingleiter und PR-Verantwortliche. Es soll ein rasches Einarbeiten in die Thematik ermöglichen sowie dabei helfen, den eigenen Umgang mit E-Mail zu analysieren und die Möglichkeiten auszuloten, die sich durch Online-Marketing und speziell durch Marketing per E-Mail erschließen.
Sollten Sie die technische und inhaltliche Organisation Ihrer E-Mail-Aktivitäten selbst in die Hand nehmen, finden Sie die dazu nötigen Grundlagen sowie Hinweise auf Quellen, mit deren Hilfe Sie Ihre Kenntnisse erweitern und vertiefen können.
Wenn Sie diese Dienstleistungen zu speziellen Anbietern auslagern, so wird Ihnen dieses Buch dabei helfen, Ihre Ideen zu konkretisieren und die technischen Voraussetzungen zu kennen, die zu deren Umsetzung nötig sind. Checklisten und Textbeispiele werden durch zahlreiche Web-Tips zu den angesprochenen Themen ergänzt.

Im Anhang finden Sie ein ausführliches Glossar, eine kommentierte Literaturliste sowie ein sehr ausführliches Verzeichnis von Websites, was Ihnen weitere Informationen zu E-Mail, Online-Marketing und E-Commerce bietet.
Und selbstverständlich gibt es eine »Verlängerung« dieses Buches auch im Internet:
Unter http://www.letterfactory.at/ finden Sie sämtliche Links und die Buchtips aus dem Anhang. Anregungen und Kritik nehme ich auch gerne unter der E-Mail-Adresse office@letterfactory.at entgegen.

Viel Spaß beim Lesen und viel Erfolg mit Ihrer E-Mail-Strategie!

Wien, im November 1999 *Karina Matejcek*

Vorwort der Autorin zur 2. Auflage

Ein Jahr ist seit dem Erscheinen der ersten Auflage von »Newsletter und Mailinglisten. Marketing per E-Mail« vergangen, und dieses Jahr war für die Entwicklung des Internet und damit auch der sogenannten »New Economy« von einigen wesentlichen Veränderungen geprägt.
Der »Hype« rund um Internet-Startups ist nach aufsehenerregenden Höhenflügen und ebensolchen Abstürzen abgeklungen; die Erwartungshaltungen gegenüber den Chancen eines (kommerziellen) Engagements im Web sind realistischer geworden – es tritt eine gewisse Professionalisierung ein, die zu einer sinnvollen Entschleunigung und zu reflektierteren Konzepten führt.
Die Userzahlen steigen nach wie vor kontinuierlich an und ständig strömen neue »Zielgruppen« ins Web. Das Internet wird, wie auch die Mobiltelefonie, immer mehr zu einem fixen Bestandteil der alltäglichen Kommunikationskultur, und die Erwartungen der User steigen mit zunehmender Internet-Erfahrung stetig an. Hier punktet, wer auf die Bedürfnisse der Anwender eingeht, serviceorientiert denkt und verantwortungsvoll mit dem Medium umgeht.
E-Mail-Newsletter erweisen sich in diesem Zusammenhang immer mehr als das ideale Instrument, Kunden zu gewinnen, zu binden und sie immer wieder zum Online-Angebot zu führen. Kaum ein Webauftritt eines Unternehmens oder einer Organisation kann es sich leisten, auf diese Informationsangebote zu verzichten. Die Ergänzungen und Aktualisierungen in der 2. Auflage, im besonderen der Einblick in das Thema »Content Management Systeme«, tragen dem Rechnung. Einige neue Angaben zu Quellen im Web, zu Literatur und zu Zeitschriften unterstreichen meinen Anspruch, Ihnen einen praxisorientierten Wegweiser in die Hand zu geben, mit dessen Hilfe Sie sich Ihren eigenen Recherchen widmen können.
Das Jahr, das seit dem Erscheinen des Buches vergangen ist, hat auch für mich persönlich eine einschneidende Veränderung mit sich gebracht. Die Gründung der Contissimo Communications Services AG steht am Ende einer Entwicklung, die mich über die langjährige Arbeit als freie Lektorin, über die Projektarbeit in einer Webredaktion und die Beratungstätigkeit im Rahmen von Web- und Newsletterprojekten zu einer neuen, spannenden Aufgabe geführt hat: der Leitung eines Unternehmens, das Firmen dabei berät, wie sie ihre Online-Aktivitäten optimal in ihre Kommunikations-

strategie integrieren. E-Mail-Marketing nimmt dabei einen wesentlichen Raum ein.

Die Aufnahme, die das Buch bei Anwenderinnen und Anwendern, beim Fachpublikum sowie in den Medien fand, ist für mich Ansporn und Motivation, die Arbeit an diesem Thema fortzusetzen. Ich danke allen Leserinnen und Lesern für ihr Feedback und ihre Anregungen, dem Wirtschaftsverlag Ueberreuter danke ich für die gute Zusammenarbeit.

Wien, im Dezember 2000 *Karina Matejcek*

1| Einleitung: Marketing im Internet

1.1 Vom Marketing zum Online-Marketing

Wenn Sie etwas verkaufen möchten, sei es nun ein Produkt oder eine Dienstleistung, werden Sie nicht umhin können, Marketing zu betreiben. Durch Marketing wird die Botschaft, die Sie zu überbringen haben, Ihre Zielgruppe erreichen, durch Marketing werden potentielle Kunden von Ihrem Angebot erfahren. Und nur durch Marketing werden die Empfänger Ihrer Botschaft zu Käufern und zu treuen Kunden.
Sie werden den Marketing-Mix, also die Kombination von Maßnahmen, mit der Sie Ihre Botschaft übermitteln und letztendlich Ihr Produkt verkaufen, aufgrund zahlreicher Faktoren entwickeln, die Sie nach der Analyse Ihres Marktes und Ihres Umfeldes festlegen. Im klassischen Marketing stehen Ihnen unter anderem folgende Marketinginstrumente zur Verfügung:

- Produktgestaltung
- Preis
- Vertrieb
- Werbung/PR

Mit dem Internet sind neue Marketinginstrumente entstanden, die den Marketing-Mix ergänzen, die aber auch zu einer Schwerpunktverlagerung und zu einem Umdenken bezüglich der gesamten Marketing-Strategie führen können. Diese neuen Instrumente sind kurzgefaßt:

- die eigene Webpräsenz, speziell die Website und E-Mail
- Marketingmöglichkeiten auf fremden Online-Angeboten

Je nach Branche und Produkt oder Dienstleistung werden sich die Möglichkeiten des Internet mehr oder weniger stark auf den Einsatz der einzelnen Marketing-Instrumente und damit auf den Marketing-Mix auswirken. Die Entscheidung, das Internet als Marketing-Werkzeug zu verwenden, ist jedoch in jedem Fall mehr als nur der Entschluß, den bislang verwendeten Marketing-Möglichkeiten eine weitere Facette hinzuzufügen.

Wer sich dazu entschließt, Online-Marketing zu betreiben, entscheidet sich für ein Werkzeug, das neue Sichtweisen voraussetzt, das die Auseinandersetzung mit neuen Medien, mit neuen Technologien und mit neuen Formen der Kommunikation erfordert.

Stellt die richtige Aufbereitung von Information und Kommunikation im traditionellen Marketing bereits ein wichtiges Instrument dar, so nimmt deren Bedeutung im Rahmen des Online-Marketing um ein Vielfaches zu. Das Web ist eine Welt aus Bits und Bytes, in der die Vermittlung von Inhalten ganz anderen Gesetzen folgt, als dies »offline« der Fall ist. So wird sich der Empfänger des tausendseitigen Versandhauskataloges vielleicht im ersten Moment nicht besonders freuen, wenn er das kiloschwere Paket in seinem Briefkasten vorfindet, aber er wird den Katalog trotzdem nicht gleich entsorgen, sondern ihn in einer ruhigen Stunde doch durchblättern. Der tausendseitige Katalog eins zu eins auf eine Website übertragen wird den Surfer durch Unübersichtlichkeit und lange Ladezeiten verärgern, er klickt sich weg – und kommt nie wieder.
Dieses Beispiel mag kraß sein, denn kaum jemand würde heute auf die Idee kommen, einen Webauftritt wie einen Print-Katalog zu gestalten, aber es soll zeigen, daß mit dem Einsatz von Online-Marketing ein Umdenken vonnöten ist. Denn während der Katalog auf Kosten des Versandhauses in den Haushalt des potentiellen Kunden transportiert wird, zahlt dieser die Übermittlung der Botschaft im Web mit seiner Telefongebühr und mit der Gebühr für den Provider oder Online-Dienst. Diese einfache Erkenntnis sollte jeglichem Marketing-Engagement im Internet zugrundegelegt werden, denn sie hat unter anderem Auswirkungen darauf, ob jemand ein zweites Mal auf Ihre Seiten kommt.
Die eigene Website, vor ein, zwei Jahren noch eine Option, für die oder gegen die man sich entscheiden konnte, ist heute für Unternehmen aller Größenordnungen ein wichtiges Instrument geworden. Die Aufgaben, die ein gut gestalteter Unternehmensauftritt im Internet erfüllt, sind vielfältig:

- Besucher können sich in kürzester Zeit ein Bild über Ihr Unternehmen verschaffen.
- Interessenten können sich auf Ihrer Website über Produkte und Dienstleistungen informieren, und das rund um die Uhr.
- Potentielle Kunden können Preise und Qualitätsmerkmale Ihrer Produkte mit dem Angebot Ihrer Konkurrenz vergleichen – weltweit.

- Im integrierten Shop können die Besucher online bestellen.
- Die Website kann den Kundendienst und den Support unterstützen.
- Die Website kann als Plattform für die Abwicklung von Geschäftsvorgängen im Business-to-Business-Bereich dienen.
- Bewerber können sich nicht nur über Ihr Unternehmen informieren, sondern finden auch gleich Bewerbungsbögen vor.
- In einer Presse-Area bieten Sie Journalisten Ihre aktuellen Pressemeldungen und Fotos von Vertretern Ihrers Unternehmens, von Produkten und Events.

Eine Website dient somit primär der Information, der Kundengewinnung, der Kundenbetreuung, der Kundenbindung, dem Verkauf von Produkten oder dem Vertrieb von Dienstleistungen sowie dem Kontakt zu Lieferanten und Abnehmern. Dazu unterstützt der Webauftritt die unternehmensexterne (Presse, Investor Relations) und die unternehmensinterne Kommunikation.

Abbildung 1: Der Web-Auftritt der Beiersdorf AG ist ein Beispiel für umfassende Unternehmenskommunikation im World Wide Web – http://www.beiersdorf.de/

Information ist infolge der weltweiten Vernetzung und der immer größer werdenden Geschwindigkeit in allen Lebensbereichen ein zunehmend wichtiger Wettbewerbsfaktor. Die richtige Information zur rechten Zeit am rechten Ort – eine Idealvorstellung, die in Zeiten von ständigem Informationszuwachs und Reizüberflutung nicht immer ganz einfach umzusetzen ist.

Die Präsenz im World Wide Web bietet sehr viele Möglichkeiten, sich dem Ideal anzunähern.

1.2 Online-Marketing und Site-Promotion

Online-Marketing ist einerseits ein zusätzliches Instrument im Rahmen Ihres Marketing-Mix, das Ihre bisherigen Maßnahmen ergänzt. Online-Marketing bedeutet andererseits aber auch Marketing *für* Ihren Webauftritt: Sie setzen Maßnahmen,

- die Ihre Webpräsenz bekannt machen,
- die Kunden und Werbepartner auf Ihre Seiten »locken« und die
- die Surfer zum Durchstöbern Ihres Online-Angebotes animieren.

Die schönste Website nützt wenig, wenn sie nicht besucht wird. Das heißt, Sie müssen Ihren Webauftritt selbst durch verschiedene Maßnahmen »promoten«. Einige dieser Instrumente sind:

- die Auswahl einer einprägsamen Internetadresse (URL)
- die Eintragung Ihrer Website in Suchmaschinen und Webkatalogen
- Bannerwerbung, Bannertausch
- die Teilnahme an Webringen
- der Aufdruck Ihrer Internet- und Ihrer E-Mail-Adresse auf allen Geschäftsdrucksorten
- Pressearbeit

Zu all diesen Maßnahmen kommen vielfältige Aktivitäten per E-Mail, denen wir uns in der Folge widmen werden.

1.3 »Killerapplikation« E-Mail

Dieses Buch befaßt sich mit der Rolle von E-Mail im Online-Marketing. Denn E-Mail ist mehr als nur »elektronische Post«. E-Mail ist ein mächtiges Instrument, dem im Online-Marketing ein Ehrenplatz eingeräumt werden sollte. Die Vorteile von E-Mail sind schnell umrissen: E-Mail ist

- kostengünstig
- schnell
- einfach im Handling

Und: E-Mail steht bei den Internetnutzern hoch im Kurs.

So haben bei der *10. W3B-Umfrage* im April/Mai 2000 30.000 Internet-User detaillierte Angaben zu ihrem Nutzungsverhalten gemacht. Demnach sind die wichtigsten Internet-Anwendungen:

96,1% E-Mail
93,4% Das WWW (World Wide Web)
63,1% File Transfer (Dateien, Programme herunterladen)
28,3% Java, Java Scripts
22,5% Newsgroups, Usenet
21,4% Chat (Online-Diskussionen)
14,0% Internet-Telefon und -Telefax
12,5% Digitale Signaturen
6,7% 3D-Welten, Virtual Reality (VRML)
6,1% Video-Konferenzen via Internet
2,3% Push-Technologien/-Channels

Quelle: 10. W3B-Umfrage April/Mai 2000, Fittkau & Maaß, http://www.w3b.de/

Das bedeutet allerdings nicht, daß E-Mail von Unternehmen heute bereits optimal eingesetzt wird. Vielmehr wurde E-Mail sowohl in den technischen Möglichkeiten als auch in den Möglichkeiten gezielter Informationspolitik in unseren Breiten erst von wenigen als optimales Kommunikationsinstrument erkannt.
Die Studie *e-mail e-conomy 1999* von MDI Markt & Daten GmbH (http://www.mdir.net/) hat eine interessante Tatsache zur E-Mail-Kultur in deutschen Unternehmen zu Tage gefördert, die zu denken geben sollte. Getestet wurden 640 Unternehmen, die sich aus folgenden Gruppen zusammensetzten:

- aus der »DIE WELT«-Rangliste der 500 größten Unternehmen in Deutschland, die bis auf wenige Ausnahmen eigene Webauftritte betreiben, sowie weiteren Firmen, die ebenfalls in dieser Rangliste vertreten sind – in Summe 590 Unternehmen
- aus einer Kontrollgruppe von 50 Unternehmen, die ihr Geld hauptsächlich im Internet verdienen

Diese Gesamtheit von 640 Unternehmen wurde mit simulierten Kundenanfragen per E-Mail konfrontiert. – 77 dieser 640 Unternehmen schieden allerdings schon im Vorfeld aus, da sie entweder keine Website besaßen oder eine entsprechende Kontaktmöglichkeit auf dem existierenden Online-Angebot nicht gefunden werden konnte. (Einige dieser Firmen planten zum Zeitpunkt der Untersuchung den Launch eines Webauftritts.)

Das Ergebnis in der Kategorie »Antwortbereitschaft und Reaktionsgeschwindigkeit«:

- Nahezu die Hälfte der Top-500-Unternehmen reagierte nicht auf Kundenanfragen per E-Mail.
- Etwa 30 Prozent der Unternehmen aus der Kontrollgruppe reagierten nicht auf E-Mail-Anfragen.

Diese Unternehmen haben ganz offenbar die Bedeutung von E-Mail für die Kundenkommunikation noch nicht erkannt und vergeben damit viele Chancen für die Gestaltung des Beziehungsmarketings. Diesem Manko können Sie anhand der folgenden Checkliste vorbeugen, die Sie dabei unterstützt, erste Ideen für Ihr Marketing per E-Mail zu entwickeln:

Checkliste: Lohnt sich der Einsatz von E-Mail-Marketing für mein Unternehmen?

Wenn Sie mindestens fünf der folgenden Fragen mit »Ja« beantworten können, wird der gezielte Einsatz von E-Mail Ihre Marketingaktivitäten sehr bereichern:

- Ich betreibe eine Website.
- Ich plane die Einrichtung einer Website.
- Ich versende in regelmäßigen Abständen Mailings per Post.
- Ich möchte den Aktionsradius meines Unternehmens überregional ausweiten.
- Kundenbindung ist für mein Unternehmen sehr wichtig.
- Ich versende häufig aktualisierte Preislisten per Post oder per Fax.
- Ich habe kein Budget für groß angelegte Direktmarketing-Aktivitäten.
- In meinem Geschäft gibt es häufig Sonderaktionen.
- Die Produkte, die ich verkaufe, sind sehr erklärungsbedürftig.
- Ich würde gerne mit den Käufern meiner Produkte mehr direkten Kontakt haben.

- Das Feedback von Anwendern ist wichtig für die Weiterentwicklung meiner Produkte.
- Viele meiner Kunden verwenden Computer.
- Viele meiner Kunden haben einen Zugang zum Internet.
- Ich lasse Werbemittel verteilen.
- Ich betreibe Telefonmarketing.
- Ich verwende E-Mail für den Kontakt mit Lieferanten.
- Ich verwende E-Mail im Kontakt mit Kunden.
- Ich verwende E-Mail privat.
- Ich habe kein Budget für aufwendige Werbematerialien.
- Meine Konkurrenz betreibt Online-Marketing.
- Ich würde gern mehr über die Wünsche meiner Kunden erfahren.
- Ich muß sehr viele Routine-Anfragen von Interessenten beantworten.
- Ich würde gerne meine Kunden mit aktuellen Informationen über mein Unternehmen versorgen.
- Ich versende häufig Pressemitteilungen.
- Ich beteilige mich an Messen und Verkaufsveranstaltungen.
- Meine Produkte sind für den Verkauf über das Internet geeignet.
- Mein Unternehmen produziert eine Kundenzeitung.
- Zu meinen Produkten gibt es Gebrauchsanleitungen.
- Zu meinen Produkten gibt es in unregelmäßigen Abständen Aktualisierungen.
- Ich möchte die Kosten meiner Marketing-Aktivitäten reduzieren.
- Ich wurde schon öfter von Kunden darauf angesprochen, ob ich im Internet präsent bin.
- Meine Produkte sind für den Versand geeignet.

Mit Sicherheit haben Sie jetzt mehr als fünf Mal »Ja« gesagt. Und damit steht es außer Zweifel: der gezielte Einsatz von E-Mail wird Ihren Marketing-Mix auf jeden Fall bereichern und zur Kundenbindung beitragen.

1.4 Online-Marketing mit E-Mail

Online-Marketing ist also zum einen ein Teil Ihrer Marketingstrategie, Ihre Produkte über das Internet bekanntzumachen, zum anderen geht es um jene Maßnahmen, die Sie treffen, um Ihre Website zu promoten.
Dieses Buch beschäftigt sich mit einem Ausschnitt Ihrer Online-Marketing-Strategie, nämlich mit dem Einsatz von E-Mail.
Im Zentrum der Betrachtung stehen Newsletter und Diskussionslisten, das Thema Newsgroups wird kurz beleuchtet, und es werden weitere Möglichkeiten des Einsatzes von E-Mail vorgestellt, die Ihre Web-Präsenz unterstützen.

1.4.1 Begriffserklärung

Mailingliste, Newsletter, Diskussionsliste, Newsgroups – was ist unter all diesen Begriffen zu verstehen? Nicht nur für den Internet-Neuling ist die Vielfalt an Bezeichnungen verwirrend, auch der Profi steht häufig vor dem Problem, daß diese Begriffe nicht einheitlich verwendet werden. Hier die Merkmale der einzelnen Instrumente.

Mailingliste

Der Begriff »Mailingliste« bezeichnet eine mehr oder weniger automatisierte E-Mail-Verteilerliste. Die Empfänger der über die Liste versandten E-Mails tragen sich freiwillig als Abonnenten auf dem Verteiler ein und können sich auch selbst wieder abmelden.
Es gibt zwei Arten von Mailinglisten: Newsletter und Diskussionsliste.

> Newsletter: Der Versender bestimmt den Inhalt und den Zeitpunkt des Versandes, der Empfänger kann nicht in Interaktion mit den anderen Empfängern des Newsletters treten. Es handelt sich um Kommunikation von einem Absender zu vielen Empfängern.
>
> Diskussionsliste: Alle Abonnenten der Diskussionsliste erhalten jede an die E-Mail-Adresse der Liste gerichtete Mail. Es handelt sich um Kommunikation von vielen Absendern zu vielen Empfängern, die alle selbst zu Sendern werden können.

Wer über das Internet Kundenbindung im Rahmen des Beziehungsmarketings erreichen will, dem steht mit den verschiedenen Arten von Mailinglisten ein wertvolles Instrument zur Verfügung. Mailinglisten sind aus verschiedenen Gründen als Marketinginstrument geeignet:

- Mailinglisten sind nach einer kurzen Einarbeitungszeit einfach abzuwickeln.
- Mailinglisten sind im Vergleich zu klassischem Massenmarkting extrem kostengünstig.
- Mailinglisten fordern zu Interaktion heraus.
- Mailinglisten – vor allem Newsletter – werden meist in Zusammenhang mit einer Website eingerichtet, doch im Prinzip ist es auch möglich, diese völlig unabhängig von einem Webauftritt zu betreiben. Alles, was Sie brauchen, ist ein E-Mail-Account.
- Mailinglisten können als Werbeträger dienen – wer selbst keine Liste betreibt, kann in anderen Listen Anzeigen schalten.

Autoresponder

Diese Form der automatisierten Antwortmail kann zur Unterstützung bei der Abwicklung von Kundenanfragen und zur Bereitstellung standardisierter Informationsangebote dienen.

Newsgroups

Unter »Newsgroups« versteht man die im Usenet organisierten Diskussionsgruppen. Das Usenet ist der historisch älteste Teil des Internet und unterscheidet sich in seiner »Kultur« grundlegend vom World Wide Web. Die besonderen Charakteristika des Usenet werden wir in späterer Folge noch genauer kennenlernen, ebenso die Möglichkeiten bzw. Unmöglichkeiten des Marketings im Rahmen des Usenet.

1.4.2 Das Push-Prinzip

Die rasante Entwicklung des Internet in den letzten Jahren und die Vereinnahmung des World Wide Web bzw. seiner kommerziellen Bereiche durch Marketingstrategen brachte immer wieder neue Dienste hervor, die das Web unter anderem für Werbekunden attraktiv machen sollten. Eine dieser Innovationen war die Entwicklung von sogenannten »Push«-Technologien, wie zum Beispiel der »Channels« von *Microsoft* oder der Informationsangebote des US-Unternehmens *Pointcast*. Diese Dienste funktionieren nach folgendem Prinzip: Der User »abonniert« Themenbereiche (Channels), die ihn interessieren, und bekommt dann entsprechende Inhalte über das Internet »zugeliefert«. 1997 waren diese Push-Technologien die größten Hoffnungsträger der Online-Marketingexperten, inzwischen ist jedoch die Euphorie abgeflaut. Die User sind - zumindest hierzulande - nicht bereit, ihre wertvolle - weil im Vergleich zu den USA teure - Onlinezeit für das Herunterladen und Betrachten von großen Datenmengen der Push-Angebote zu opfern. Sie wollen sich auch nicht wie beim Fernsehen »berieseln« lassen, sondern sich aktiv auf die Suche nach Interessantem machen. Die möglichen Vorteile von Push-Technologien wie Zielgruppenmarketing und langfristige Kundenbindung werden durch diese Nachteile aufgehoben.

E-Mail-Newsletter können durchaus mit Push-Diensten verglichen werden. Sie unterscheiden sich aber durch geringere zu transportierende Datenmengen und durch die wesentlich einfacheren technischen Voraussetzungen grundlegend von den oben genannten Push-Verfahren. Um die Inhalte von *Pointcast* empfangen zu können, muß man sich eine spezielle Software herunterladen, für den Empfang der *Microsoft Channels* benötigt man den Internet Explorer. - E-Mails kann jeder empfangen, der einen Internetzugang hat.

1.4.3 Weitere Interaktions-Tools

Ergänzend zu den oben genannten Formen der Kommunikation gibt es weitere Instrumente, die dem Kunden Kontaktaufnahme und Interaktion ermöglichen. So werde ich in einem eigenen Abschnitt (vgl. Kapitel 7) kurz auf den Einsatz von Online-Foren, Gästebüchern und Feedbackformularen im Zusammenhang mit Ihrem Webauftritt eingehen.

2| Technische Voraussetzungen: Internet und E-Mail

2.1 Das Internet

Das Internet, in den sechziger Jahren aus Kommunikationsnetzen amerikanischer Universitäten und staatlicher sowie militärischer Einrichtungen in den USA hervorgegangen, ist ein weltweiter Verbund von Computernetzen. Es besteht aus Informations- und Kommunikationsdiensten. Der populärste Informationsdienst des Internet ist das World Wide Web, in dem Millionen von Websites miteinander verbunden sind. Neben dem World Wide Web existieren im Internet zahlreiche weitere Dienste, zum Beispiel:

- FTP – File Transfer Protocol: ein Verfahren, um Dateien zu transferieren und von Servern auf der ganzen Welt herunterzuladen
- Newsgroups, organisiert im Usenet, einem Netzwerk aus Newsservern
- Chat/IRC: Internet Relay Chat, ein System, um in Echtzeit miteinander zu kommunizieren
- E-Mail: der Austausch von elektronischen Nachrichten

Um eine Verbindung mit dem Internet herstellen zu können, benötigt man neben einem internetfähigen Computer einen Telefonanschluß und ein externes Modem oder eine Modemkarte, die in den PC eingebaut wird. Den technischen Zugang zum Internet ermöglicht ein Provider oder ein Online-Dienst.

Um im Internet zu surfen, benötigt man eine spezielle Software, den sogenannten Browser. Die gebräuchlichsten Produkte sind der *Internet Explorer* von *Microsoft* und der *Communicator* von *Netscape*. Diese Programme gibt es gratis, entweder beim Provider oder auf einer der vielen CD-ROMs, die Computerzeitschriften beigeklebt sind. Selbstverständlich kann man die Software auch aus dem Internet downloaden.

Beide Programme verfügen über spezielle Programmteile, mit denen man im Internet surfen, Mails abrufen und versenden, Newsgroups abonnieren oder sonstige Dienste in Anspruch nehmen kann.

Online-Dienste wie z. B. *T-Online* und *AOL* verfügen über eigene Internet-Software, mit der man auch auf spezielle Angebote dieser Dienste zugreifen kann.

2.2 E-Mail

E-Mail ist die meistgenutzte Internet-Anwendung. Mit der elektronischen Post kann man weltweit kommunizieren, und das sowohl kostengünstig als auch schnell. Die Entfernung zwischen Sender und Empfänger spielt dabei keine Rolle.
Mit E-Mail lassen sich nicht nur Texte, sondern auch Tabellen, Bilder, Klänge, Videos und Programmdateien verschicken.
E-Mail ist auf dem besten Wege, sich zu einer im Alltag völlig selbstverständlich verwendeten Kommunikationstechnologie zu entwickeln - ähnlich dem Telefon und dem Faxgerät.

2.2.1 Wie funktioniert E-Mail?

Damit das Senden und Empfangen von elektronischer Post unabhängig von Plattform oder Betriebssystem problemlos vonstatten geht, bedurfte es der Festlegung einheitlicher Standards, der sogenannten Protokolle (protocols). Mit Hilfe dieser Standards kommunizieren die verschiedenen Rechner miteinander, die am Transport der Nachrichten beteiligt sind. Im folgenden eine kurze Beschreibung der einzelnen Standards:

SMTP

Simple Mail Transfer Protocol - ist für den Transport von Mails vom Absender bis in das Postfach des Empfängers zuständig. Dieses Postfach liegt auf dem Mail-Server des Providers oder Online-Dienstes, bei dem der Empfänger seinen Internetzugang hat. SMTP überträgt nur Zeichen nach dem amerikanischen ASCII-Zeichensatz (ASCII = American Standard Code for Information Interchange).

POP

Post Office Protocol - ist dafür zuständig, daß eingegangene Mails auf dem Mail-Server gelagert werden und daß der Empfänger diese Mails vom

Mail-Server seines Providers abholen kann. Die Mails werden vollständig auf das Mail-Programm des Empfängers übertragen und können nach Einlangen in der Inbox des Mail-Clients offline gelesen und bearbeitet werden.

IMAP

Internet Mail Access Protocol – ist eine neuere Entwicklung des POP-Protokolls. Im Unterschied zu POP werden die auf dem Mail-Server gespeicherten E-Mails nicht mehr standardmäßig auf den Mail-Client des Empfängers übertragen, sondern können ohne Herunterladen bearbeitet werden. Vorteil: Wer seine Mails von unterschiedlichen Rechnern aus verwalten möchte, behält so immer den Überblick. Nachteil: Zur Bearbeitung der elektronischen Post muß man mit dem Internet verbunden sein.

MIME

Multipurpose Internet Mail Extension, übersetzt: Mehrzweck-Internet-Verbindung – wurde geschaffen, um die Übertragung von Sonderzeichen wie Umlauten und von Binärdateien (Bilder, Programmdateien) zu ermöglichen. Mit der Quoted-Printable-Encoding-Methode werden beim Abschicken der Nachricht die Sonderzeichen durch bestimmte ASCII-Codes ersetzt und beim Empfänger wieder in Sonderzeichen umgewandelt – vorausgesetzt, dessen Mail-Programm ist MIME-kompatibel. Binärdateien werden von MIME-fähigen Programmen automatisch verschlüsselt und beim Empfänger in der gewünschten Form angeliefert.

Aufbau einer E-Mail-Adresse

Die E-Mail-Adresse besteht aus zwei Teilen:

`office@letterfactory.at`

- dem Namen des Empfängers
- dem Domain-Namen

Der Benutzername wird entweder vom Benutzer selbst oder vom Provider festgelegt. Er darf keine Umlaute und Sonderzeichen enthalten.
Verbunden werden die beiden Teile durch das Zeichen »@«. Dieses Zeichen bedeutet soviel wie die englische Präposition »at« – »bei«.

Aufbau einer E-Mail

Eine E-Mail besteht im Prinzip aus zwei Teilen, dem Header (Kopf) und dem Body (Körper).
Der Header enthält alle »postalischen« Informationen wie Absender, Empfänger, Antwort-Adresse sowie Daten über den Weg, den die E-Mail auf dem Weg zwischen Sender und Empfänger zurückgelegt hat. Weiters kann er das Datum, das Subject (Betreff), Hinweise zum Mail-Client des Absenders und zu verschiedenen Einstellungen enthalten.

```
Return-Path: <newsletter@porsche-stpoelten.at>
Received: from endjinn.Austria.EU.net (endjinn.austria.eu.net
[193.81.13.2]) by shasta.net-works.at (8.9.3/8.9.3) with
ESMTP id AAA13814; Thu, 9 Sep 1999 00:39:29+0200
Received: from dialup163.ap01-stpoe.at.eu.net
(dialup163.ap01-stpoe.at.eu.net [193.81.54.163])
by endjinn.Austria.EU.net (8.9.3/8.9.3) with SMTP id AAA25401;
Thu, 9 Sep 1999 00:39:11 +0200 (MET DST)
Date: Thu, 9 Sep 1999 00:32:52 +0200
From: »PORSCHE St. Poelten News.Letter«
<newsletter@porsche-stpoelten.at>
X-Mailer: The Bat! (v1.33) S/N BACCF2AF
Reply-To: newsletter@porsche-stpoelten.at
Organization: Porsche St. Poelten
X-Priority: 3 (Normal)
Message-ID: <1022.990909@porsche-stpoelten.at>
To: newsletter@porsche-stpoelten.at
Subject: PORSCHE St. Poelten News.Letter / Nr. 5 / September
99
Mime-Version: 1.0
Content-Type: text/plain; charset=ISO-8859-1
Content-Transfer-Encoding: 8bit
```

Abbildung 2: Header einer E-Mail

Header – die wichtigsten Begriffe

From: Adresse des Absenders
To: Adresse des Empfängers
Subject: Betreff-Zeile
Date: Absendedatum
Return-Path: Adresse, an die die Antwort (Reply) geschickt werden soll

Received: Daten zu allen am Transport der E-Mail beteiligten Mail-Servern
Message-ID: Identifikationsnummer, mit der jede Nachricht versehen wird
In-Reply-To: Message-ID der ursprünglichen Nachricht, falls es sich um eine Antwort handelt
CC (Carbon Copy): Empfänger, die eine Kopie der Nachricht erhalten
BCC (Blind Carbon Copy): Empfänger, die eine »unsichtbare« Kopie der Nachricht erhalten
X-Mailer: das E-Mail-Programm, mit dem die Nachricht erstellt wurde
X-Sender: Absender der Nachricht; kann sich aus technischen Gründen von der Angabe im From-Feld unterscheiden.
X-Priority: Angabe über die Dringlichkeit der Nachricht. Ist lediglich ein Hinweis für den Empfänger und wirkt sich nicht auf die Transportgeschwindigkeit der E-Mail aus
Errors-to: findet man bei Mails aus Mailinglisten häufig vor, Angabe zu Adresse, an die man sich bei Problemen wenden kann
Content-Type: bezeichnet den Typ der versendeten Datei, z. B. reiner ASCII-Text; dazu gibt es Informationen zum verwendeten Zeichensatz, z. B. ISO-8859-1
Content-Transfer-Encoding: informiert über die Art der Übertragung

Der Body enthält den Text der Nachricht. Dazu im weiteren Verlauf mehr.

2.2.2 Mail-Programme

Der Empfang und das Versenden von E-Mails erfolgt über ein E-Mail-Programm, auch E-Mail-Client genannt. Es gibt zahlreiche E-Mail-Programme, die in den Grundfunktionen ähnlich sind, die sich im Detail aber doch sehr voneinander unterscheiden.
Die Auswahl der geeigneten E-Mail-Software ist daher ein wichtiger erster Schritt. Empfehlenswert ist eine eingehende Prüfung und ein Vergleich verschiedener Programme. Da auch umfangreichere Newsletter-Projekte über eine Mail-Client-Lösung abgewickelt und mit einigen Programmen sogar Diskussionslisten bequem administriert werden können, ist eine eingehende Beschäftigung mit Mail-Software auf jeden Fall anzuraten.
Die Einarbeitung in die Software braucht vielleicht etwas Zeit, aber es lohnt sich in vielen Fällen, denn Sie können sich durch einen durchdachten Einsatz eines Mail-Programms unter Umständen von Providern und Systemadministratoren unabhängig machen.

Hier die wichtigsten Funktionen, die ein gutes Mail-Programm bieten sollte:

- einfache Konfiguration
- die Möglichkeit zur Verwaltung von mehreren Mail-Accounts auf unterschiedlichen Servern
- die Möglichkeit, ungelesene Mails bereits am Server zu löschen (providerabhängig)
- ein gut verwaltbares Adreßbuch (Gruppenlisten)
- Import-/Exportfunktionen für Adressen und Mails
- umfassende Filterfunktionen
- die Möglichkeit, Dateien in Form von Attachements anzuhängen
- die Möglichkeit, mehrere Signatur-Dateien zu verwalten
- Unterstützung von Links, indem durch Anklicken der Browser geöffnet wird
- gute Formatiermöglichkeiten (HTML)
- ausreichende Hilfefunktionen
- preiswert oder kostenlos

Die folgende Auswahl populärer Mail-Programme ist weder vollständig, noch ist damit eine spezielle Empfehlung verbunden. Hier gilt es auszuprobieren, die Funktionalitäten zu testen und die persönlichen Vorlieben herauszufinden. Bei den angegebenen Internet-Adressen können in der Regel kostenlose Testversionen heruntergeladen werden. Häufig stehen auch Free-Versionen der Programme zur Verfügung.
Die Programme wurden vor allem auf die Einsatzmöglichkeiten bei der Erstellung, der Wartung und dem Versand von Newslettern getestet, daher konzentriert sich die Betrachtung auf:

Konfiguration – Ist die Installation und das Einrichten der Grundeinstellung benutzerfreundlich?

Adreßbuch – Wie gestaltet sich die Verwaltung des Adreßbuches? Können Gruppenlisten und Verteiler eingerichtet werden?

Filterfunktionen – Für die Automatisierung von Mail-Eingang, Ablage, Aufnahme von Adressen in das Adreßbuch und für die unterschiedlichsten Sortiervorgänge können in den Programmen Filter definiert werden. Es wurde getestet, wie zweckmäßig diese in der jeweiligen Software sind.

Verwaltung mehrerer Mail-Accounts und mehrerer Benutzerprofile – Wenn Sie mehrere Mail-Accounts besitzen oder wenn verschiedene User dasselbe Programm benutzen, ist es von Vorteil, wenn Sie ein Programm wählen, das Ihnen die Verwaltung dieser Dinge erlaubt.

Verwaltung mehrerer Signatur-Dateien – Sie werden unter Umständen in Ihrem Mail-Verkehr unterschiedliche Signaturen verwenden, je nachdem ob Sie privat, geschäftlich, als Listenbetreiber oder als Teilnehmer an Diskussionen in Mailinglisten und Newsgroups agieren. Gute Programme bieten hier die Möglichkeit, unterschiedliche Signaturen zu verwalten.

Formatiermöglichkeiten – Sollten Sie daran denken, einen HTML-Newsletter einzurichten (zu den Vorteilen und Nachteilen siehe S. 128 ff.), sollten Sie ein Programm wählen, das Ihnen diese Option bietet.

In der Rubrik »Gesamteindruck« werden spezielle Features genannt und die generelle Eignung für den anspruchsvolleren Einsatz bewertet.

→ ACHTUNG!

Die Verteilung von Newslettern über die Funktion »CC:« (Carbon Copy) oder »BCC:« (Blind Carbon Copy) sollten Sie unbedingt vermeiden. Beim Versand über »CC:« können alle Empfänger die Mail-Adressen aller anderen Abonnenten offen sehen, und auch bei »BCC:« kann bei bestimmten technischen Voraussetzungen beim Empfänger die gesamte Adressenliste sichtbar werden. Leider wird dieser Fehler relativ häufig gemacht; es kommt überdies sogar vor, daß Unternehmen in ihren E-Mail-Pressemitteilungen das gesamte Adreßbuch im »An:«-Feld mitsenden.

PostMe

http://www.postme.de/

Konfiguration

Die relevanten Daten (z. B. Servername) sind für *T-Online*-User oder User von *GMX-Mail* (ein bekannter Freemail-Service, http://www.gmx.de/) bereits voreingestellt. Aber auch sonst ist die Handhabung recht einfach.

Adreßbuch

Komfortable Handhabung, Gruppenlisten können eingerichtet werden, eine Suchfunktion ist ebenfalls vorhanden.

Eignung für Mailinglisten

PostMe ist für den Versand von Newslettern geeignet. Es können verschiedene Verteiler mit bis zu 10.000 Empfängern eingerichtet werden. Durch spezielle Filter kann die An- und Abmeldung komplett automatisiert werden.

Import-/Exportfunktionen für Adressen und Mails

Adressen können einfach aus Textdateien importiert werden, bei z. B. *Outlook* kann dies jedoch nicht völlig automatisiert werden.

Filterfunktionen

Das Programm bietet umfassende Filterfunktionen, mit deren Hilfe man z. B. eine Art Autoresponder einrichten kann.

Verwaltung mehrerer Mail-Accounts auf unterschiedlichen Servern

Das Programm kann 50 User mit je 50 Accounts verwalten.

Verwaltung von mehreren Signatur-Dateien

Es können bis zu 50 unterschiedliche Signaturen und sogar Briefköpfe verwaltet werden.

Formatiermöglichkeiten (HTML)

Das Programm arbeitet gut mit HTML (erzeugen und anzeigen).

Sprache

Das Programm ist deutschsprachig.

Preis

Das Programm wird in seiner aktuellen Version als preisgünstige Shareware vertrieben, die Vorgängerversion 2.0 ist nach wie vor auch für kommerzielle Anwender kostenlos. Eine Dokumentation ist integriert.

Gesamteindruck

Das Programm ist technisch auf dem neuesten Stand. Es bietet zum Beispiel die Möglichkeit, Attachements (angehängte Dateien) beim Senden automatisch zu »zippen« (komprimieren), und zeigt die Zip-Dateien auch gleich an. Dazu benötigt man kein Zusatzprogramm. Weiters ist ein umfangreiches Smiley-Lexikon integriert.
Standardanwendungen sind für dieses Programm kein Problem, aber auch der Poweruser findet alles, was er wünscht. Das Programm brilliert mit unkonventionellen Lösungen und vielen interessanten Funktionen, die sonst kein Mail-Programm bietet.

The Bat!

http://www.ritlabs.com/

Konfiguration
Im Vergleich zu *PostMe* sind die »Experten-Funktionen« etwas komplizierter zu bedienen.

Adreßbuch
Das Adreßbuch ist funktionell, es lassen sich Gruppenlisten anlegen, eine Suchfunktion steht zur Verfügung.

Eignung für Mailinglisten
Die Möglichkeiten, Newsletter zu versenden, sind ähnlich wie bei *PostMe*. Zusätzlich kann *The Bat* auch Diskussionslisten verwalten, und diese lassen sich auch bequem betreuen. Es reicht, hin und wieder online zu gehen, und schon fungiert das Programm als Listserver (zu den Funktionalitäten eines Listservers vgl. Seite 50 ff.) – Dazu benötigt man allerdings ein Addon, das man kostenlos von *Ritlabs.com* herunterladen kann.

Import-/Exportfunktionen für E-Mail-Adressen und E-Mails
Die Möglichkeiten zum Export und Import von Mail-Adressen und E-Mails sind vorbildlich. Adressen können in den unterschiedlichsten Dateiformaten übernommen und in diese konvertiert werden. Mails können aus allen gängigen Mail-Programmen, inklusive *Outlook* und *Netscape Messenger*, importiert werden.

Filterfunktionen
Das Programm bietet umfassende Filterfunktionen, mit deren Hilfe man zum Beispiel auch so etwas wie einen Autoresponder einrichten kann (der natürlich nur dann arbeitet, wenn man online ist).

Verwaltung mehrerer Mail-Accounts auf unterschiedlichen Servern
Die Verwaltung mehrerer Mail-Accounts auf verschiedenen Servern ist problemlos möglich.

Verwaltung von mehreren Signatur-Dateien
Es können verschiedene Signaturen verwaltet werden.

Formatiermöglichkeiten (HTML)
Mails im HTML-Format werden einwandfrei angezeigt. Mail-Adressen und URLS können problemlos angeklickt werden. Zum Versenden kann man

auch das HTML-Dateiformat auswählen, es ist allerdings nicht möglich, den Text hinsichtlich Schriftgröße, Schriftart oder Farbe zu bearbeiten.

Sprache
Für *The Bat* kann ein kostenloses Speech-Pack von der *Ritlabs*-Site heruntergeladen werden, womit das Programm weitgehend deutschsprachig wird.

Preis
Die Vollversion kann 30 Tage gratis genützt werden. Dann kostet das Programm für Studenten ca.28 Euro, für private Nutzer ca. 40 Euro und für Firmen ca. 50 Euro (Einzelplatz; Rabatte für Mehrfachlizenzen). Zusätzlich gibt es kostenlose Pakete, die das Programm oder die Hilfe eindeutschen.

Gesamteindruck
Standardfunktionen sind ebenso verfügbar wie Funktionen für versierte User. Erwähnenswert: der Mailticker, der in Form eines Laufbandes neue Eingänge in der Mailbox anzeigt.
Das Programm ist überdies ausgesprochen dafür geeignet, im Netzwerk eingesetzt zu werden. Dort kann es sogar den lokalen Mail-Server ersetzen.
Sehr interessant ist auch die Suchfunktion: Die Ergebnisse werden ähnlich wie bei einer Suchmaschine angezeigt, jedes einzelne Ergebnis kann angeklickt werden.

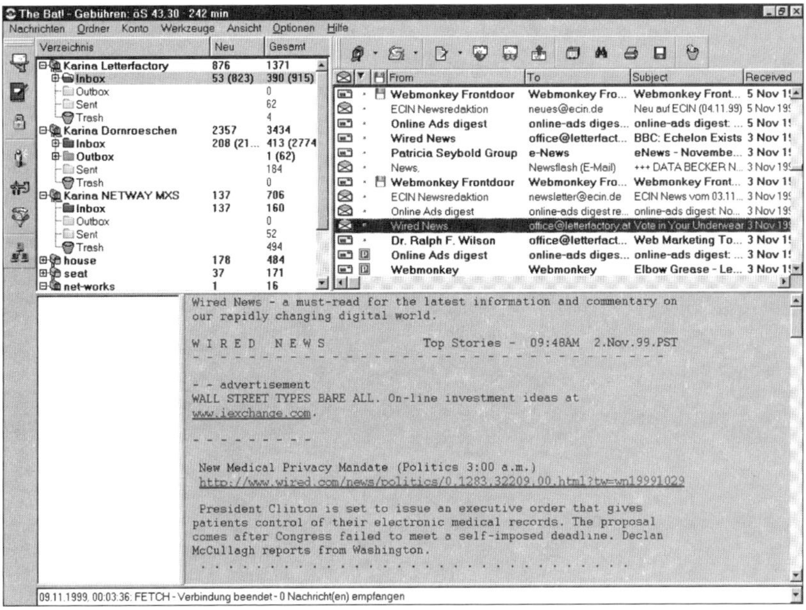

Abbildung 3: The Bat im täglichen Einsatz – Verwaltung mehrerer Konten

Pegasus Mail

http://www.pmail.com/

Konfiguration
Die Basiskonfiguration ist problemlos zu bewerkstelligen, für spezielle Einstellungen sollte man sich ausreichend Zeit nehmen.

Adreßbuch
Das Adreßbuch ist gut verwaltbar, Gruppenlisten können angelegt werden, und auch eine Suchfunktion ist vorhanden.

Eignung für Mailinglisten
Sehr gut für den Versand von Newslettern geeignet. Auch sehr große Verteiler sind kein Problem.

Import-/Exportfunktionen für Adressen und E-Mails
Adressen und Mails können aus allen gängigen Programmen importiert werden. Da diese Funktion ursprünglich nicht optimal in das Programm integriert war, haben einige Anwender Konverter programmiert, die man kostenlos downloaden kann.

Filterfunktionen
Das Programm verfügt über umfassende Filterfunktionen, die kaum Wünsche offen lassen. So könnte man zum Beispiel folgenden – zugebenermaßen etwas skurrilen – Ablauf über Filter programmieren: Sie bekommen eine Mail, die eine gezippte Datei enthält, die automatisch entpackt und an jemand anderen weitergeschickt wird; gleichzeitig wird der Absender in die Mailingliste aufgenommen, es wird ihm eine Willkommensmail geschickt ...

Verwaltung mehrerer Mail-Accounts auf unterschiedlichen Servern
Die Verwaltung mehrerer Mailkonten ist problemlos möglich.

Verwaltung von mehreren Signatur-Dateien
Es können mehrere Signaturen administriert werden.

Formatiermöglichkeiten (HTML)
Gute Möglichkeiten, HTML-Mails zu erzeugen. In der Online-Hilfe wird aber ausdrücklich darauf hingewiesen, daß man sich die Verwendung dieser Option gut überlegen sollte.

Sprache
Englisch. Für ältere Versionen sind »Eindeutschungsmodule« erhältlich.

Preis
Das Programm ist kostenlos. Eine freiwillige Registrierung ist möglich.

Gesamteindruck
Sehr positiv ist die Verfügbarkeit für viele Betriebssysteme und Plattformen: *Microsoft Windows 3.1x, 95, 98, Windows NT, MS-DOS, Apple Macintosh, Novell, OS/2* etc. Mit diversen Add-Ons kann das Programm auch an diverse weitere Plattformen angepaßt werden.
Wer fundiertes PC-Wissen mitbringt, wird aus diesem Programm viel herausholen können, für den Einsteiger ist es in seinen Funktionalitäten beinahe zu mächtig.
Pegasus kann auch im Netzwerk eingesetzt werden, auch hier bietet es interessante technische Details. Obwohl gedruckte Anleitungen gegen Gebühr zu beziehen sind, verfügt das Programm über eine ausgezeichnete Online-Hilfe einschließlich Einführungskurs. Außerdem stehen zu *Pegasus* zahlreiche Mailinglisten und Newsgroups zur Verfügung.

AK-Mail

http://www.akmail.com/

Konfiguration
Die Basiskonfiguration ist ähnlich einfach wie bei den bereits genannten Programmen.

Adreßbuch
Das Adreßbuch ist gut verwaltbar, Gruppenlisten können angelegt werden, und auch eine Suchfunktion ist vorhanden.

Eignung für Mailinglisten
Die Verwaltung von Newslettern mit automatischer An- und Abmeldung ist unter Einsatz der Filterfunktionen hier genauso möglich wie der Betrieb eines Autoresponders.

Import-/Exportfunktionen für E-Mail-Adressen und E-Mails
Die Möglichkeiten, Mail-Adressen und Mails zu importieren bzw. zu exportieren, sind im Vergleich zu den anderen hier genannten Programmen eher bescheiden.

Filterfunktionen
Das Programm weist umfassende Filterfunktionen auf.

Verwaltung mehrerer Mail-Accounts auf unterschiedlichen Servern
Es können problemlos mehrere Mail-Accounts auf verschiedenen Servern verwaltet werden.

Verwaltung von mehreren Signatur-Dateien
Ebenso ist die Verwendung mehrerer Signatur-Dateien kein Problem.

Formatiermöglichkeiten (HTML)
HTML-Mails können nur in Verbindung mit einem Browser verarbeitet werden.

Sprache
Das Programm ist deutschsprachig.

Preis
Das Programm kostet 20 Euro, wer mehrere Lizenzen benötigt, bekommt Rabatt. Eine kostenlose 30-Tage-Testversion mit eingeschränkten Features steht zur Verfügung.

Gesamteindruck

Die Funktion »akmsend« erlaubt es, das Mail-Programm auch auf Computern ohne Internetzugang zu betreiben, was folgendermaßen funktioniert: Man tut so, als würde man ganz regulär Mails verschicken (inklusive Attachements!). Diese Mails werden dann allerdings zum Beispiel auf Diskette gespeichert und können später ohne zusätzliche Software problemlos über die Unix-Standard-Mailfunktionen versendet werden.

Optisch ist das Programm erste Klasse. Für den professionellen Einsatz ist es aufgrund der etwas schwieriger zu bedienenden Spezialfunktionen, wie z. B. der Filter, nur nach einer längeren Einarbeitungszeit zu verwenden; bei manchen Details stößt man schon früher an Grenzen als bei anderen Programmen.

Eudora Pro

http://www.eudora.com/

Konfiguration
Der Setup-Wizard hilft bei den Grundeinstellungen. Die weiteren Funktionen wie z. B. das Adreßbuch sind jedoch nicht mehr ganz so einfach in der Handhabung.

Adreßbuch
Das Adreßbuch weist mit Gruppenlisten-Funktion und Suche alles auf, was man für den professionellen Einsatz benötigt.

Eignung für Mailinglisten
Eudora ist für die Verwaltung und den Versand von Newslettern geeignet.

Import-/Exportfunktionen für E-Mail-Adressen und E-Mails
Mail-Adressen und Mails können aus *Netscape Messenger*, aus *Outlook* und *Outlook Express* importiert und dahin exportiert werden.

Filterfunktionen
Eudora weist umfassende Filterfunktionen auf. So kann man sich Absender und Betreff sogar vorlesen lassen (!), danach wird die Mail in einen vordefinierten Ordner verschoben. Eine Benachrichtigungsfunktion erlaubt es, auf einen anderen Account eine Mail schicken zu lassen, mit dem Hinweis, daß eine Mail gekommen ist.
Im Gegensatz zu vielen anderen Programmen sind die Filterfunktionen bei Eudora extrem einfach zu bedienen. Selbstverständlich können mittels Filter auch Autoresponder eingerichtet werden. Überdies werden alle vom Filter ausgeführten Aktionen auf Wunsch protokolliert.

Verwaltung mehrerer Mail-Accounts auf unterschiedlichen Servern
Die Verwaltung von mehreren Accounts auf verschiedenen Servern ist problemlos möglich. Es werden mehrere »Persönlichkeiten« unterstützt. Sehr praktisch ist auch die Möglichkeit, eine E-Mail zu verfassen und erst vor dem Absenden zu bestimmen, unter welcher »Persönlichkeit« sie nun geschickt werden soll.

Verwaltung von mehreren Signatur-Dateien
Es können mehrere Signatur-Dateien verwaltet werden.

Formatiermöglichkeiten (HTML)
Eudora kann HTML-Mails sowohl anzeigen als auch erzeugen.

Sprache
Das Programm *Eudora* ist englischsprachig; eine deutsche Version gibt es nicht. (Lediglich die 3er-Version ist auf Deutsch verfügbar.) Eine sehr ausführliche Dokumentation wird bereits mit der Testversion mitgeliefert.

Preis
Das Programm kostet 50 Dollar; ab fünf Lizenzen gibt es Rabatt.
Eine 30-Tage-Testversion kann kostenlos heruntergeladen werden.

Gesamteindruck
Eudora ist für *Windows-* und *Apple*-Systeme erhältlich. Es ist zweifellos das am besten auf persönliche Bedürfnisse konfigurierbare Programm; so kann der Anwender z. B. einstellen, wie oft die Mails abgefragt werden sollen. Zusätzlich kann vorgesehen werden, daß dieser Zeitintervall automatisch verlängert werden soll, wenn das Notebook den Strom von einer Batterie bezieht.
Von den Funktionen her steht es mit den anderen genannten Programmen auf einer Stufe. Nachteile: *Eudora* ist nur auf Englisch verfügbar, der Preis ist im Vergleich zu anderer Software relativ hoch.
(*Eudora* ist übrigens nach der amerikanischen Pulitzerpreisträgerin Eudora Welty benannt, Autorin der Geschichte »Why I live at the post office«.)

Netscape Messenger

http://home.netscape.com/computing/index.html

Konfiguration
Obwohl der Funktionsumfang des Programmes deutlich geringer als bei den anderen hier genannten Beispielen ist, stellt sich die Konfiguration als kompliziert dar. Verstärkt wird dieser Eindruck noch durch fallweise sehr eigenartige Übersetzungsfehler.

Adreßbuch
Das Adreßbuch kann nur geringfügig angepaßt werden, die Suchfunktionen sind minimal.

Eignung für Mailinglisten
Es können zwar mehrere Gruppenlisten geführt werden, da alles per Hand gewartet werden muß, ist dies allerdings nur für Kleinstauflagen zu empfehlen.

Import-/Exportfunktionen für E-Mail-Adressen und E-Mails
Die Import- und Exportfunktionen sind nicht besonders zweckmäßig. Adressen können nur im Text-Format importiert werden, nicht aber in Dateiformaten anderer Mail-Programme. Der Import von Mails funktioniert nur aus früheren Versionen, nicht aber aus anderen Programmen.

Filterfunktionen
Hier wird nur das Allernötigste geboten, kompliziertere Filter können nicht definiert werden. Daher ist es auch nicht möglich, Newsletter-An-/Abmeldungen zu administrieren oder Autoresponder einzurichten.

Verwaltung mehrerer Mail-Accounts auf unterschiedlichen Servern
In einem Profil kann nur jeweils ein Account angelegt werden. Es müssen daher mehrere Profile erstellt werden, was nicht zweckmäßig ist.

Verwaltung von mehreren Signatur-Dateien
Es kann nur eine einzige Signatur eingestellt werden.

Formatiermöglichkeiten (HTML)
Vorbildliche Möglichkeiten, Mails in HTLM zu erstellen, zu versenden und zu lesen.

Sprache
Das Programm gibt es komplett in deutscher Sprache.

Preis
Als Bestandteil von *Netscape Communicator* kostenlos.

Gesamteindruck
Für Neulinge, die keine besonderen Bedürfnisse bezüglich der Verwaltung ihres Mailverkehrs haben, eine brauchbare Alternative. Für den professionellen Einsatz ist der *Netscape Messenger* allerdings ungeeignet.
Die wenigen wirklichen Stärken des Programms liegen darin, daß Attachements äußerst komfortabel verwendet werden können und daß die Erstellung von Mails in HTML sehr gut funktioniert. Die Einbettung in das *Netscape*-Browser-Package kann man je nach Anspruch als Vorteil oder als Nachteil sehen.

Microsoft Outlook Express

http://www.microsoft.com/downloads/

Konfiguration
Sehr einfach zu konfigurieren, für den Einsteiger wie geschaffen.

Adreßbuch
Im Adreßbuch können bei jedem Eintrag zahlreiche Felder ausgefüllt werden.

Eignung für Mailinglisten
Für den automatisierten Betrieb von Newslettern nicht geeignet, da die An-/Abmeldungen nicht über Filter administriert werden können.

Import-/Exportfunktionen für Adressen und Mails
Der Import und Export von Mail-Adressen und Mails ist aus allen *Microsoft*-Produkten möglich, außerdem können Daten von *Eudora* und von *Netscape Messenger* übernommen werden.

Filterfunktionen
Im Vergleich zu anderen Mail-Clients nur geringe Möglichkeiten.

Verwaltung mehrerer Mail-Accounts auf unterschiedlichen Servern
Es können mehrere Konten mit unterschiedlichen Identitäten angelegt werden.

Verwaltung von mehreren Signatur-Dateien
Mehrere Signaturen können verwendet werden.

Formatiermöglichkeiten (HTML)
Mit *Outlook* können HTML-Mails sowohl angezeigt als auch perfekt formatiert werden.

Sprache
Das Programm ist auf Deutsch erhältlich.

Preis
Das Programm ist kostenlos, es kann allerdings nur gemeinsam mit dem *Internet Explorer* installiert werden.

Gesamteindruck
Outloox Express ist extrem einsteigerfreundlich, für Anwendungen, die über Basis-Bedürfnisse hinausgehen, ist es allerdings nicht geeignet.

Was Sie bei der Verwendung eines Mail-Clients für die Verwaltung von Newslettern beachten sollten:

Die Administration und der Versand von Newslettern über den Mail-Client erfordert höchste Sorgfalt in folgenden Punkten:

- Auch wenn Sie An- und Abmeldungen über Filter gut organisiert haben und die Mail-Adressen automatisch in den Verteiler kopiert werden, sollten Sie regelmäßig kontrollieren, ob das auch wirklich funktioniert, und gegebenenfalls manuell nacharbeiten, doppelte Einträge löschen etc.
- Achten Sie unbedingt darauf, daß unzustellbare Mails (bounces) nicht an den Verteiler (zurück)geschickt werden, sondern über eine eigene Reply-Adresse zu Ihnen zurückkommen.
- Sichten Sie Mails, die an die Reply-Adresse des Newsletters geschickt werden. Nicht immer sind es unzustellbare Newsletter, sondern es werden auch Nachrichten von Abonnenten dabei sein, die Sie unbedingt beachten und gegebenenfalls beantworten müssen.
- Geben Sie eine E-Mail-Adresse an, unter der Sie als Listeneigner direkt erreichbar sind.

→ Tip:

Wer sich etwas intensiver mit Mail-Programmen auseinandersetzen will, dem sei der Erfahrungsaustausch im Usenet empfohlen. Die einschlägigen Newsgroups sind:

englischsprachig:

comp.mail.* mit Dutzenden relevanten Newsgroups zu allen nur erdenklichen Themen, darunter

comp.mail.eudora.ms-windows

comp.mail.pegasus-mail.ms-windows

microsoft.public.* (Hunderte Newsgroups, darunter auch solche zum Thema E-Mail)

deutschsprachig:

de.comm.software.mailreader.misc

de.comm.software.mailreader.pegasus

microsoft.public.de.*

de.comm.provider.mail (hier geht es um GMX und andere Anbieter von E-Mail-Diensten)
de.admin.net-abuse.mail (hier geht es um den Mißbrauch von E-Mail)

Wie Sie sehen konnten, sind Mail-Programme mächtige und vielfach unterschätzte Instrumente, die Ihnen das aktive Leben im Internet sehr erleichtern können. Spätestens wenn Sie selbst mehrere Newsletter abonniert haben oder sich an Diskussionslisten beteiligen, werden Sie die Vorteile von Filterfunktionen und automatisierten Abläufen zu schätzen wissen.
Der Umgang mit Attachements und die Verschlüsselung von E-Mails wird in diesem Buch nicht behandelt, da diese Features im Zusammenhang mit Newslettern und Diskussionslisten von untergeordneter Bedeutung sind. Hier verweise ich Sie auf die einschlägigen Buchtitel zum Thema E-Mail im Anhang.

2.3 Mailinglisten-Software

Für den Versand eines Newsletters genügt - wie wir im vorigen Abschnitt gesehen haben - in vielen Fällen ein Mail-Programm, das bei Ihnen auf dem PC installiert ist. Der gezielte Einsatz von Adreßbüchern und Gruppenlisten kann für ein Unternehmen, das einen oder mehrere Newsletter pro Monat an einige hundert Abonnenten verschickt, völlig ausreichend sein. Steigt jedoch mit zunehmender Leserzahl der Administrationsaufwand für An- und Abmeldungen sowie für den Versand stark an, dann sollten Sie den Einsatz eines Listenprogrammes erwägen.
Für den Betrieb einer Diskussionsliste ist die Einrichtung eines solchen Programmes ohnehin unerläßlich. In vielen Fällen werden Sie dafür ein entsprechendes Angebot Ihres Providers nützen. Es gibt aber auch verschiedene Dienstleister im Bereich Online-Marketing, zu denen Sie die Einrichtung und die Wartung einer Mailingliste auslagern können.

2.3.1 Funktionen der Mailinglisten-Software

Die Mailinglisten-Software - als Überbegriff dafür hat sich auch die Bezeichnung »Listserver« (nicht zu verwechseln mit der Mailinglisten-

Software *ListServ*) eingebürgert - hilft Ihnen dabei, die technische Abwicklung der von Ihnen betriebenen Mailingliste(n) zu organisieren. Das heißt, die Mails, die an alle Empfänger Ihres Newsletters oder der Mailingliste gehen sollen, werden an die Adresse des Listservers geschickt, der die Verteilung vornimmt.

Folgende Aufgaben werden von Listservern üblicherweise ausgeführt:

Automatische An- und Abmeldung von Beziehern (subscribe/unsubscribe)

Über ein Eingabeformular auf der Website des Listenbetreibers oder mit einer Mail an den Listserver kann die Liste abonniert werden.

Automatischer Versand diverser Bestätigungs-E-Mails bei An- und Abmeldung

Die meisten Listserver versenden eine Begrüßungsmail, um die Anmeldung zu bestätigen. Vielfach wird die Anmeldung erst wirksam, wenn man diese Mail unverändert oder mit leerem Textfeld zurücksendet. Damit soll verhindert werden, daß man ungewollt Newsletter oder Diskussionslisten abonniert oder wohlmeinende Dritte sich einen Scherz erlauben. Auch bei Abmeldungen läuft diese Routine ab.
Diese automatisch versendeten Mails können neben einer Begrüßungsformel diverse Hilfetexte und weiterführende Informationen enthalten.

```
Hallo, hier ist das ezmlm Programm. Ich verwalte die
Mailingliste
   xxxxxxx@list.yyyyyy.at

Um zu bestätigen, daß Sie

   office@letterfactory.at

die Mailingliste xxxxxxx abonnieren möchten,
senden Sie eine leere Mail an

xxxxxxx-sc.940898091.fimgppelpigfedabhkld-
office=letterfactory.at@list.yyyyyy.at

Die Funktion "Beantworten" in Ihrem Mailprogramm sollte diese
Adresse automatisch benutzen. Kontrollieren Sie aber bitte -
einige Programme haben Probleme mit langen Adressen.
```

```
Diese Bestätigung dient zwei Zwecken. Zum einen wird dadurch
sichergestellt, daß ich Mails an Ihre Adresse zustellen kann.
Zum anderen dient die Bestätigung als Schutz gegen gefälschte
Mailinglisten-Abonnements. Mails sind einfach zu fälschen. Es
ist also jederzeit möglich, daß jemand unter Ihrem Namen eine
Mailingliste abonniert, um Sie zu ärgern oder Ihnen zu
schaden.

Wenn Sie weiterführende Informationen zu Mailinglisten haben
möchten, schauen Sie sich doch im World Wide Web einmal das
Dokument "Mailinglisten und ihre Benutzung" unter folgender
Adresse an:
http://www.pobox.com/~fte/ml.html

Wenn Sie diese Nachricht nicht beantworten, erhalten Sie die
Mailingliste nicht. Wenden Sie sich an Ihren Mail-
Administrator, wenn Sie der Meinung sind, daß jemand unter
Ihrem Namen ein gefälschtes Abonnement vorgenommen hat. Falls
Sie dagegen vorgehen wollen, müssen Sie rechtzeitig alle
Beweise sichern. Wenn Ihr Mail-Administrator etwas taugt,
kann er die Anforderungsmail und seine Logfiles nach
Informationen durchsuchen. Er hat doch hoffentlich Logfiles,
oder?

-- Hier eine Aufstellung der Kommandos zur Steuerung des
   Mailinglistenmanagers ezmlm für diese Liste.

Ich kann alle Ihre Anforderungen bezüglich der Liste
automatisch bearbeiten. Schicken Sie einfach eine leere Mail
an die jeweilige Adresse.
SENDEN SIE KEINE KOMMANDOS AN DIE MAILINGLISTE SELBST.
In dem Fall kann ich nicht darauf reagieren und viele
Empfänger der Mailingliste werden sich bei Ihnen oder über
Sie beschweren.

    <xxxxxxx-help@list.yyyyyy.at>
    Beschreibung der Steuerungsmöglichkeiten für diese
    Mailingliste

    <xxxxxxx-info@list.yyyyyy.at>
    <xxxxxxx-faq@list.yyyyyy.at>
    Die beiden Adressen sind zur Anforderung eines
    Informationstextes zur Mailingliste bzw. zur Anforderung
    der FAQ (Frequently Asked Questions - oft gestellte Fragen
    und die Antworten darauf) vorgesehen.
```

<xxxxxxx-subscribe@list.yyyyyy.at>
wenn Sie die Mailingliste in Zukunft beziehen möchten

<xxxxxxx-unsubscribe@list.yyyyyy.at>
wenn Sie keine Nachrichten der Mailingliste xxxxxxx mehr empfangen möchten

<xxxxxx-get.123_145@list.yyyyyy.at>
Fordern Sie auf diese Weise eine Kopie der Nachrichten 123 bis 145 vom Archiv an. Sie können mit einer Anforderung maximal 100 Nachrichten bekommen.

<xxxxxx-index.123_456@list.yyyyyy.at>
Fordern Sie auf diese Weise die Betreff-Zeilen (Subjects) der Nachrichten von 123 bis 456 (inklusive) vom Archiv an. Pro Anforderung werden maximal 2000 Betreff-Zeilen zugestellt.
Die Zustellung erfolgt in Gruppen zu je 100 Betreff-Zeilen, so daß Sie mit dieser Anforderung real die Betreff-Zeilen der Nachrichten 100 bis 499 erhalten.

<xxxxxx-thread.123@list.yyyyyy.at>
Anforderung aller Nachrichten, die den gleichen Betreff wie die Nachricht 123 haben.

Der Inhalt der Nachrichten muß nicht unbedingt leer sein, Sie können auch etwas in die Betreff-Zeilen schreiben. Ich werde jedoch beide Angaben ignorieren - nur die angeschriebene Adresse ist für meine Steuerung maßgebend.

ACHTUNG: bitte probieren Sie nicht die im folgenden genannte Adresse ich@irgendwo.de aus, sondern ersetzen Sie diese durch Ihre eigene Adresse, unter der Sie Abonnent der Liste werden möchten!

Sie können direkt die Adresse vorgeben, unter der Sie als Empfänger der Liste eingetragen werden möchten. Dazu bauen Sie die gewünschte Adresse in meine Steuerungsadresse ein, indem Sie das at-Zeichen (@) durch ein Gleichheitszeichen (=) ersetzen.
Um zum Beispiel als Adresse ich@irgendwo.de anzugeben, senden Sie eine Mail an die Adresse

```
<xxxxxx-subscribe-ich=irgendwo.de@list.yyyyyy.at>.

Die entsprechende Adresse zum abmelden des Abonnements ist
<xxxxxx-unsubscribe-ich=irgendwo.de@list.yyyyyy.at>.
In beiden Fällen werde ich eine Bestätigung an
ich@irgendwo.de
schicken, die Sie nach Empfang einfach nur beantworten
müssen, um den An- oder Abmeldevorgang abzuschließen.

Auch wenn diese Erklärungen zu kompliziert für Sie sein
sollten oder Sie Probleme mit der Steuerung der Liste haben,
schreiben Sie bitte keine Hilfemails an die Liste selbst.
Wenden Sie sich stattdessen an den Listeneigentümer:
    xxxxxx-owner@list.yyyyyy.at
Bitte haben Sie Geduld, da es sich dabei um ein eventuell
überlastetes menschliches Wesen handelt, das nie so schnell
reagieren kann wie ich :-)
```

Abbildung 4: Begrüßungsmail (mit dem Programm ezmlm verschickt)

Benachrichtigung des Mailinglisten-Betreibers (Listowners) über An- und Abmeldungen

Bei jeder An- und Abmeldung erhält der Listenbetreiber eine Benachrichtigung.

Unterstützung von moderierten Listen

Alle Nachrichten gehen zuerst an den Moderator, der sie vor dem weiteren Versand an die Teilnehmer prüft.

Versand von Diskussionsbeiträgen als Digest

Vielfach können die Abonnenten wählen, ob sie alle Beiträge sofort beim Eintreffen auf dem Listserver oder aber zu einem bestimmten Zeitpunkt in einer E-Mail gesammelt beziehen wollen. Die Sammlung der E-Mails nennt man Digest.

Anlegen eines Archivs

Auf dem Server wird ein Archiv aller Beiträge angelegt, die mit einer bestimmten Abfrageform per E-Mail jederzeit abgerufen werden können.

Bounce-Management

Ist eine Mail-Adresse eines Teilnehmers nicht (mehr) erreichbar, kommen die Mails als unzustellbar zurück (bounces). Ein gutes Listenmanagement bietet die Möglichkeit, Mail-Adressen, die nicht mehr erreichbar sind, automatisch zu entfernen.

Verhinderung von Mail-Schleifen

Mail-Schleifen können zum Beispiel dann entstehen, wenn ein Teilnehmer an einer Diskussionsliste eine Funktion zur automatischen Beantwortung in seinem Mail-Programm aktiviert hat (z. B. »Abwesenheitsschaltung« während der Urlaubszeit). Der Mail-Client »beantwortet« die eingehende Listenmail mit dem Hinweis auf Abwesenheit des Empfängers, diese Mail wird an alle Teilnehmer der Liste geschickt, landet wieder beim Absender, wird wieder beantwortet etc. Ein gutes Programm beugt dieser Problematik automatisch vor.

2.3.2 Die populärsten Mailinglisten-Pogramme

Wie bei den Mail-Clients kann auch bei der Mailinglisten-Software keine eindeutige Empfehlung abgegeben werden. Dazu sind sowohl die Bedürfnisse der Anwender als auch die Funktionen der Programme zu unterschiedlich.

Folgende Fragen sollten Sie beantworten, bevor Sie sich auf die Suche nach dem geeigneten Programm bzw. Anbieter machen. Von den Antworten wird vielfach der Preis für das Programm oder die Dienstleistung abhängen:

- Wie viele Listen möchte ich betreiben?
  Je nach Software wird der Preis für die Lizenz nach der Anzahl der Listen, die von einem Listeneigner betrieben werden, festgelegt.
- Mit wie vielen Abonnenten/Teilnehmern pro Liste rechne ich?
  Auch diese Ziffer kann ein Kriterium für die Kosten der Softwarelizenz sein.

- Möchte ich die technische Wartung der Liste selbst durchführen oder überlasse ich dies dem Server-Administrator in meinem Unternehmen oder dem Provider?
  Wenn Sie die Liste selbst betreuen wollen, wird es unter Umständen praktisch sein, eine Software zu wählen, die man über ein Web-Interface warten kann.
- Welche Art von Mailingliste(n) möchte ich ins Leben rufen? Newsletter? Diskussionslisten? Beide Formen?
  Auch dieses Kriterium kann wichtig für die Auswahl der Software sein. So ist zum Betrieb eines Newsletters nicht unbedingt nötig, die Software auf einem Server laufen zu lassen, der permanent mit dem Internet verbunden ist. Da Sie selbst in Form der Einwegkommunikation E-Mails verschicken, kann es reichen, ein preisgünstiges Listenprogramm lokal auf Ihrem Rechner zu installieren.

Weitere Fragen:

- Sollen die User sich selbst anmelden können?
- Sollen die User auch andere als sich selbst anmelden können?
- Soll das Programm ein Archiv aller Beiträge anlegen?
- Möchte ich als Listenbetreiber benachrichtigt werden, wenn sich jemand ein- oder austrägt?
- Möchte ich als Listeneigner vor der endgültigen Eintragung in den Verteiler die Anmeldungen überprüfen?
- Sollen die Subscriber eine Begrüßungsmail (mit Hilfetext) erhalten?
- Sollen die Abonnenten vor der endgültigen Aufnahme in den Verteiler eine Bestätigungsmail zurücksenden?
- Sollen E-Mail-Adressen, die nicht mehr erreicht werden, automatisch aus dem Verteiler gelöscht werden?
- Möchte ich als Listenbetreiber die Listensoftware per E-Mail-Befehlen steuern?
- Möchte ich die Software über ein Web-Interface steuern?
- Soll es auch Nicht-Abonnenten erlaubt sein, an die Liste zu mailen?
- Sollen die Teilnehmer nur mit jener Mail-Adresse an die Liste mailen können, die sie bei der Anmeldung angegeben haben, oder soll eine Antwort (Reply) auch von anderen Accounts aus erlaubt werden?
- Möchte ich die Liste moderieren?
- Soll es möglich sein, die Mails einzeln und als Digest zu verschicken?
- Soll beim Digest automatisch ein Inhaltsverzeichnis erstellt werden?

- Soll bei jeder E-Mail automatisch eine Signatur mitgeschickt werden?
- Soll bei jeder E-Mail automatisch ein Text in die Betreff-Zeile (z. B. der Name der Liste) eingefügt werden?
- Möchte ich eine Plain-Text-Version und/oder eine HTML-Version verschicken?

```
----------------------------------------------------------
Dear Karina,

We welcome you as a subscriber to one of our free newsletters
published twice per month: an articles edition around the
first of the month, and a links edition late in the month.

            WEB MARKETING TODAY (ASCII version)
              http://www.wilsonweb.com/wmt/
              edited by Dr. Ralph F. Wilson

We NEVER send out unsolicited e-mail, nor do we sell our
lists. But sometimes people subscribe their friends. So if
you don't want this, you may get off the list by sending any
message to

   leave-web-marketing-xxxxxxx@lists.sparklist.com

Web Marketing Today began in November 1995, and by September
1999 had exceeded 74,000 subscribers, growing by 2,000+ each
month.

Our purpose is to help business people learn how to market
their products and services more effectively by means of a
website. We also seek to provide on-going support,
encouragement, and marketing ideas for Web marketers
worldwide.

Our focus is intensely practical, with a hands-on, how-to-do-
it, emphasis.  While we will learn much from large
corporations on the Web, the focus of WMT is on marketing
which can be accomplished within the limited budgets typical
of small to medium-size businesses.

If you want to sell products directly over the Internet,
you'll want to see our publication:

                       WEB COMMERCE TODAY
                 http://www.wilsonweb.com/wct/
```

```
Unlike Web Marketing Today, there is a subscription fee, though
you can view contents and sample issues online for no charge.
Also look at our

                ELECTRONIC COMMERCE RESEARCH ROOM
                http://www.wilsonweb.com/research/

which will save you MANY HOURS researching how to conduct
electronic commerce. It contains links to about 2,500+ online
articles and resources about every imaginable aspect of
online sales, by far the largest resource of its kind on or
off the Web. About 20% of the resources are free. The rest
are reserved for Web Commerce Today subscribers.

BACK ISSUES

Back issues are archived at WEB MARKETING TODAY's home page:

                  http://www.wilsonweb.com/wmt/

Discussions of articles and Web marketing issues take place
at:

              WEB MARKETING & E-COMMERCE FORUM
              http://www.wilsonweb.com/forum/

EDITOR

Dr. Ralph F. Wilson is widely published in the field of
marketing on the Web, and is often asked to speak at
conferences on this subject. He is Director of Wilson
Internet Services, which provides three services to the
business community: website design, online stores, and
telephone consulting.

SUBSCRIPTIONS

SUBSCRIBING:
Send a blank message to:
            join-web-marketing@lists.sparklist.com

UNSUBSCRIBING:
Send a message to your personal unsubscribe address:
        leave-web-marketing-xxxxxx@lists.sparklist.com
```

```
Again, welcome aboard.

God bless you,
Dr. Ralph F. Wilson
Editor

______________________________________________________________
WILSON INTERNET SERVICES               http://www.wilsonweb.com
   E-Commerce & Web Marketing Publishing and Consulting
   Periodicals: Web Marketing Today, Web Commerce Today
Dr. Ralph F. Wilson, Director                    (916) 652-4659
PO Box 308                     Rocklin, California 95677, USA
________________ rfwilson@wilsonweb.com _________________

-----------------------------------------------------------
```

Abbildung 5: Begrüßungsmail des Newsletters Web Marketing Today. Wer bei der Bestellung seinen Namen angibt, wird persönlich angesprochen – http://www.wilsonweb.com/

Sie sehen bereits: Mailinglisten-Software ist eine komplexe Angelegenheit. Lassen Sie sich davon nicht aus der Ruhe bringen. In vielen Fällen wird Ihnen ohnehin ein Server-Administrator oder ein Provider beratend zur Seite stehen und Sie können sich voll auf den Inhalt Ihrer Online-Publikationen konzentrieren. Umso besser, wenn Sie dann über die Möglichkeiten Bescheid wissen, die eine professionelle Software bietet.
Zu diesem Zweck sollen die gängigsten Programme nun kurz vorgestellt werden.
Eine detaillierte Beschreibung der Funktionalitäten können Sie den Websites der Hersteller entnehmen. Dort gibt es auch vielfach Online-Demonstrationen sowie die Möglichkeit, Testversionen herunterzuladen. Weiters werden auf den Hersteller-Sites meist umfangreiche Handbücher und Listen von »Frequently Asked Questions« (FAQs) geboten, die Ihnen einen Einblick in die praktische Anwendung bieten. – Leider werden Sie oft nicht umhin können, sich durch englischen Text zu arbeiten.

ListSERV Classic und ListSERV Lite

http://www.lsoft.com/

Populäre Software mit hohem Verbreitungsgrad. Der Serveradministrator richtet die Grundfunktionalitäten der Liste ein, die weitere Konfiguration kann vom Listenbetreiber selbst gehandhabt werden. Preise auf Anfrage. Es gibt auch eine Freeware-Version von *ListServe Lite*, die auf zehn Listen mit je 500 Teilnehmern limitiert ist; diese darf aber nur für den nichtkommerziellen Einsatz verwendet werden. Umfassende Produktinfos und Manuals auf der Website.

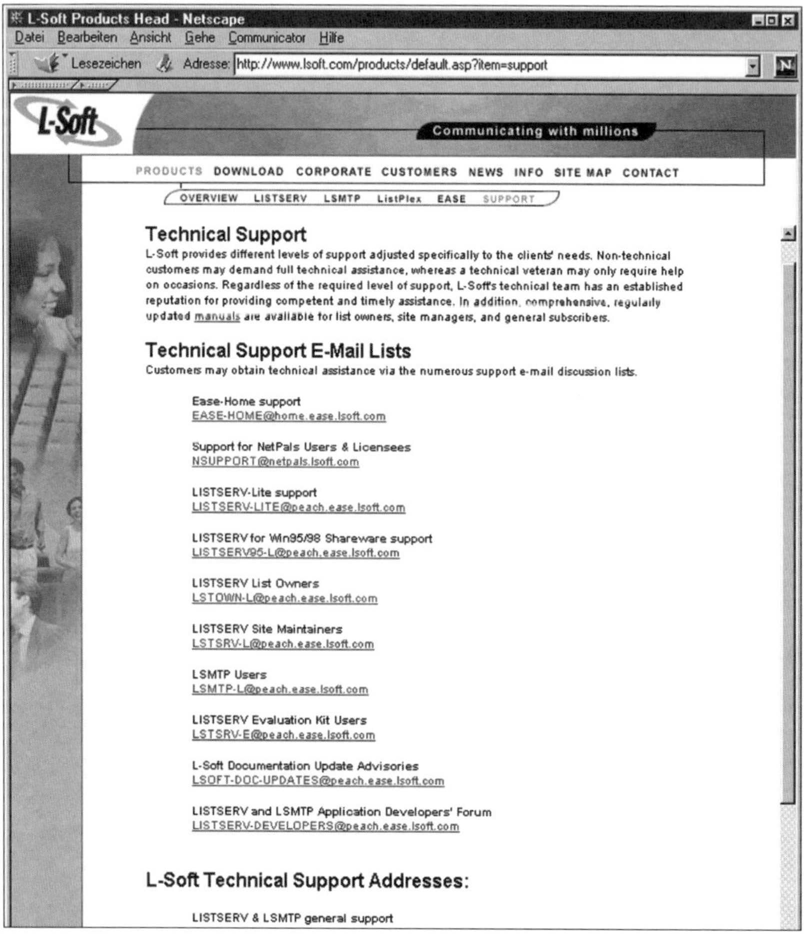

Abbildung 6: Auf der Website von L-Soft wird jede Menge Support geboten – http://www.lsoft.com/

ListProc 8.2

http://www.cren.net/listproc/

Leistungsstarke Software, die auch über ein Web-Interface gewartet werden kann. Preise ab 2000 Dollar. Testversion erhältlich. Die kostenlose Software *ListProc6.0c* bzw. *ListProc6.0d* wird von CREN nicht mehr weiterentwickelt, sie kann jedoch von diversen FTP-Servern heruntergeladen werden. Der kommerzielle Einsatz der Freeversionen ist allerdings nicht erlaubt.

Lyris

http://www.lyris.com/

Nach eigener Angabe der Marktführer bei Listservern, die im kommerziellen Bereich eingesetzt werden. Kann über ein Web-Interface administriert werden. Bei falscher Bedienung werden automatisch Fehlermeldungen ausgeschickt. *Lyris* weist umfangreiche Sicherheitsfunktionen und zahlreiche Optionen auf. Die Einrichtung von Autorespondern ist möglich. Bei bis zu 200 Teilnehmern pro Liste ist das Programm kostenlos, bei bis zu 500 Teilnehmern fällt eine einmalige Gebühr von 495 Dollar, bis zu 2000 Teilnehmern von 1495 Dollar an. Die unbeschränkte Lizenz kostet ca. 3000 Dollar. Für Listen mit mehr als 10.000 Mails pro Stunde gibt es eine besonders leistungsfähige Version für ca. 5000 Dollar.

Majordomo

http://www.greatcircle.com/majordomo/

Das sehr weit verbreitete Programm *Majordomo* ist kostenlos. Es gibt dazu sehr viele Mailinglisten und FAQs. Mit *Majordomo* können mehrere Listen verwaltet und moderiert werden, das Anlegen von Archiven ist möglich. Auch der Versand als Digest ist kein Problem. Die Steuerung erfolgt per E-Mail. *Majordomo* ist in der Programmiersprache Perl erstellt und läuft auf vielen Plattformen.

ezmlm

http://www.ezmlm.org/

Weit verbreitetes Mailinglisten-Programm, das gewisse Ähnlichkeiten mit

Majordomo aufweist. Die Wartung erfolgt per E-Mail, ein Web-Interface ist nicht verfügbar. Umtriebige User haben eine Vielzahl von praktischen Add-ons programmiert, die die Basisfunktionen von *ezmlm* nach allen Richtungen erweitern. Wie bei *Majordomo* gibt es Dutzende Mailinglisten und Support von hilfsbereiten Anwendern in zahlreichen FAQs. Das Programm ist kostenlos.

Macjordomo

http://leuca.med.cornell.edu/Macjordomo

Mailinglisten-Programm für *Apple Macintosh,* das in Verbindung mit jedem POP3/SMTP-Server läuft. *Macjordomo* ist kostenlos und bietet neben einer einfachen Installierung alle Basiselemente, die ein Listserver aufweisen sollte. Mitgliederlisten können bequem importiert und exportiert werden; die Einrichtung eines Autoresponders ist problemlos möglich.

➔ Tip:

Wer sich intensiv mit diesen Programmen auseinandersetzen will, findet wertvolle Praxisinformationen im Usenet:

englischsprachig:

comp.mail.list-admin.software
comp.mail.sendmail

deutschsprachig:

de.comm.software.mailserver

2.3.3 Die wichtigsten Befehle zur Steuerung von Mailinglisten-Software

Die Installation und Erstkonfiguration der Mailinglisten-Software werden Sie üblicherweise nicht selbst vornehmen, sondern dies wird Ihr Serveradministrator oder ein Provider für Sie erledigen. Von diesem werden Sie dann die nötigen Informationen über das technische Handling Ihrer Liste erhalten. Die folgende Übersicht ist bei weitem nicht vollständig, doch sie bietet einen Ausblick darauf, was Sie erwartet.

Mailinglisten-Programme werden in der Regel durch Befehle gesteuert, die per E-Mail an den Server geschickt werden. Sowohl Usern als auch dem Listenbetreiber stehen je nach Art der Liste die unterschiedlichsten Kommandos zur Verfügung, mit denen die einzelnen Aktionen ausgelöst werden. Die Programme folgen hier unterschiedlichen Konventionen, die einander aber vom Prinzip her gleichen. Achtung: Die hier aufgeführte Listenadresse ist nicht existent!

Eine sehr bequeme Möglichkeit der Steuerung über die E-Mail-Adresse bietet das Programm *ezmlm.* Es wird einfach eine E-Mail mit leerem Textfeld an die angegebene Adresse geschickt, zum Beispiel:

zur Anmeldung
AN: *Listenname*-subscribe@list.letterfactory.at

zur Abmeldung
AN: *Listenname*-unsubscribe@list.letterfactory.at

zur Anforderung von Hilfe
AN: *Listenname*-help@list.letterfactory.at

zur Kontaktaufnahme mit dem Listenbetreiber (Listowner)
AN: *Listenname*-owner@list.letterfactory.at

Bei anderen Programmen wie z. B. *Majordomo* werden die verschiedenen Befehle im Textfeld an die Adresse der Liste geschickt, zum Beispiel:

zur Anmeldung:
AN: majordomo@list.letterfactory.at
im Textfeld: subscribe *Listenname*

zur Abmeldung:
AN: majordomo@list.letterfactory.at
im Textfeld: unsubscribe *Listenname*

zur Anforderung von Hilfe:
AN: majordomo@list.letterfactory.at
im Textfeld: help

Nach diesem Prinzip arbeitet die Mehrzahl der professionellen Mailinglisten-Programme. Die folgende Übersicht zeigt Ihnen, welche Kommandos Ihnen üblicherweise zur Verfügung stehen. Als Beispiel werden die Steuerungsbefehle von *Majordomo* herangezogen.

Allgemeine Kommandos

Diese Befehle stehen allen Interessenten zur Verfügung, egal ob sie die Liste abonniert haben oder nicht.

help	Anforderung von Hilfe
lists	Anforderung von zur Verfügung stehenden Listen
info *Listenname*	Anforderung von Informationen zur genannten Liste
who *Listenname*	Liefert eine Liste von Abonnenten. Diese Option steht nicht immer zur Verfügung.

Kommandos für Listenabonnenten

subscribe *Listenname* (Adresse)	Anmelden
unsubscribe *Listenname* (Adresse)	Abmelden
which (Adresse)	Anforderung einer Aufstellung, in welche Listen man selbst eingetragen ist

Archiv-Kommandos

Mit diesen Kommandos kann man im Archiv recherchieren und Dateien anfordern. Diese Option kann vom Listenbetreiber auf Abonnenten beschränkt oder ganz ausgeschaltet werden.

index *Listenname*	Anforderung eines Inhaltsverzeichnisses der im Archiv aufbewahrten Beiträge
get *Listenname Dateiname*	Anforderung der Datei *Dateiname* aus dem Archiv, wobei *Dateiname* eine der Dateien aus der Gesamtliste ist

Kommandos für den Listenbetreiber

Die Steuerung der Liste durch den Listowner erfolgt ebenfalls per E-Mail. Hier ist allerdings die Angabe eines Paßwortes notwendig:

config *Listenname Listenpaßwort*	Anforderung einer Kopie der Datei, in der die Konfigurationsdaten der Liste gespeichert sind
newconfig *Listenname Listenpaßwort*	Ersetzt das Konfigurationsfile durch eine neue Datei

newinfo *Listenname Listenpaßwort*	Ersetzt die Listeninformation durch eine neue Fassung
approve *Listenpaßwort* subscribe *Listenname E-Mail-Adresse*	Fügt einen neuen Subscriber in die Liste ein
approve *Listenpaßwort* unsubscribe *Listenname E-Mail-Adresse*	Streicht einen Teilnehmer von der Liste

Je nachdem, ob Sie einen Newsletter oder eine Diskussionsliste betreiben, werden Sie den einen oder anderen Befehl aktivieren oder ausschalten. So hat es wenig Sinn, die Archivbefehle zur Verfügung zu stellen, wenn Sie von Ihrem Newsletter gar kein Archiv anlegen. Die Software kann in diesem Fall zum Beispiel so eingestellt werden, daß sie auf Anforderungen, die nicht ausführbar sind, automatisch das Help-File verschickt, in dem alle Informationen über die Liste und die zur Verfügung stehenden Kommandos aufgeführt sind.

2.4 Mailinglisten-Services im World Wide Web

Viele Features der komplexen Mailinglisten-Programme werden sich Ihnen wahrscheinlich erst nach und nach erschließen. Es erfordert viel Zeit, sich in Mailinglisten-Programme einzuarbeiten, und die werden Sie im Tagesgeschäft üblicherweise nicht aufbringen können.

Eine brauchbare Alternative können entsprechende Dienste im Internet sein: Zahlreiche Anbieter ermöglichen den Betrieb von Mailinglisten über das World Wide Web. Der Vorteil dabei: Sie brauchen keinen Server einzurichten und zu warten, sondern können Ihre Liste bequem über die Website des Dienste-Anbieters betreuen.

Die Konfiguration einer solchen Mailingliste gelingt auch Einsteigern in die Materie recht schnell, wenn es auch nicht innerhalb von zehn Minuten vonstatten geht, wie gerne auf den Startseiten angepriesen wird. Doch läßt sich die Sache durchaus an einem ruhigen Abend bewerkstelligen.

Die Angebote sind in der Regel kostenlos. Die Unternehmen finanzieren sich durch Werbung, die sowohl auf der Website als auch in den einzelnen E-Mails geschaltet wird. Meist können gegen geringe Gebühr auch werbefreie Listen eingerichtet werden.

Die Erstellung der Liste(n) erfolgt direkt auf der Homepage des Anbieters, ausführliche Online-Hilfen unterstützen Sie dabei, eine optimale Konfigu-

ration vorzunehmen. Zahlreiche Features ermöglichen die individuelle Anpassung an alle Bedürfnisse: So können Listen offen oder für geschlossene Gruppen geführt werden, es ist möglich, die eigene Liste in das öffentlich zugängliche Verzeichnis aufzunehmen oder aber diese »unsichtbar« zu führen. Begrüßungsmails, Signaturen, Zusätze zur Subject-Zeile können ebenso individuell gestaltet werden, wie es möglich ist, Einzelmails oder Digests auszusenden und diverse Sicherheitsmerkmale festzulegen. Oft kann ein Anmelde-Button oder ein Banner in die eigene Homepage eingebaut werden, über den sich der Interessent durch Eingabe seiner E-Mail-Adresse in die Liste einträgt.
Im großen und ganzen sind diese Dienste eine bequeme Möglichkeit, kleinere Diskussionslisten und Newsletter zu betreuen, und sie eignen sich auch sehr gut zum Kennenlernen der verschiedenen Möglichkeiten von Mailinglisten.

Die folgenden Mailinglisten-Services zählen zu den populärsten und auch ausgereiftesten Angeboten im Web.

eGroups

http://www.egroups.de/

Kostenloser Dienst, der neben komfortablen Administrations-Tools zahlreiche Zusatzfeatures bietet, wie die Einrichtung einer »Gruppen-Homepage«. Die einzelnen Gruppen erhalten Speicherplatz für Dateien, Fotos oder MP3-Files. Die Nachrichten werden online archiviert und können auch durchsucht werden. Weitere Angebote sind ein Kalender zur Organisation der Gruppen, eine Chatfunktion und ein Umfragetool. Die einzelnen Gruppen und damit die Mailinglisten können auf verschiedenste Weise konfiguriert und damit moderiert werden.

Abbildung 7: eGroups – http://www.egroups.de/

KBX7

http://www.kbx7.de/

Dieses kostenlose Angebot von Speedlink basiert auf der Listserver-Software Lyris. *KBX7* bietet sämtliche Features von Lyris, die Newsletter und Diskussionslisten können komfortabel über ein Webinterface gewartet werden. Der Umfang der Konfigurationsmöglichkeiten ist allerdings so groß, daß Einsteiger sich einige Zeit für die Erstellung ihrer ersten Liste nehmen sollten – was sich jedoch lohnt, denn der Lerneffekt ist enorm. Die Online-Hilfe ist hervorragend aufbereitet. *KBX7* bietet überdies zahlreiche Zusatzinformationen über Newsletter, Diskussionslisten und Autoresponder.

ListBot

http://www.listbot.com/

Das Basisangebot *ListBotFree* ist gratis, da werbefinanziert. *ListBotGold* befreit für 99 Dollar pro Jahr von Werbung und bietet einige Zusatzfeatures. Da beim Registrieren umfassende persönliche Angaben abgefragt werden, stehen interessante demographische Informationen über die Listenteilnehmer sowie Nutzungsstatistiken zur Verfügung. Der Dienst ist englischsprachig.

eCircle

http://www.ecircle.de/

Dieser deutsche Mailinglisten-Service bietet alle Standard-Tools, die zum Betrieb einer Liste nötig sind. In einem kommentierten Verzeichnis kann man in bestehenden *eCircle*-Listen stöbern. Weiters gibt es Tips, wie Sie Ihren *eCircle* bekanntmachen.

Weitere Angebote finden Sie – ständig aktualisiert – auf *Kostenlos.de* (http://www.kostenlos.de/) in der Rubrik »Internet – Sonstiges«.

3 | Marketing mit E-Mail I: Newsletter

Wir haben die technischen Grundlagen zum Betrieb einer Mailingliste kennengelernt, nun kommen wir zur formalen und inhaltlichen Gestaltung. Im Mittelpunkt dieses Abschnitts steht der Newsletter.

3.1 Die Vorteile von E-Mail-Newslettern

E-Mail-Newsletter funktionieren in der Form der Einweg-Kommunikation ähnlich wie ihre gedruckten Äquivalente. Der Betreiber des Newsletters bestimmt den Inhalt und die Erscheinungsweise. Der E-Mail-Newsletter eines Unternehmens kann im Prinzip mit einer regelmäßigen Kundenzeitschrift oder mit einem gedruckten Newsletter verglichen werden. In der Regel erfüllen diese Medien bestimmte Aufgaben im Rahmen des Marketings wie

- Information über Produkte
- Bekanntmachung von Produktentwicklungen
- Vermittlung von Branchennews
- Beantwortung von Kundenanfragen
- Mitteilungen über Ereignisse im Unternehmen
- Ankündigung von Sonderaktionen und Sonderangeboten
- Bekanntgabe von Terminen, etwa von Hausmessen, Messebeteiligungen, Roadshows, Infoständen etc.
- Aufforderung, an Gewinnspielen oder Befragungen teilzunehmen
- etc.

Der E-Mail-Newsletter kann all diese Aufgaben ebenfalls übernehmen, er unterscheidet sich aber vom gedruckten Medium in drei wichtigen Merkmalen:

- Faktor Schnelligkeit
- Faktor Kosten
- bessere Möglichkeiten der Kommunikation im Vergleich zu Printmedien

Schnelligkeit

Beim E-Mail-Newsletter entfällt die Zeit für das Drucken und den Postversand. So wird ein E-Mail-Newsletter in vielen Fällen aktueller sein als die gedruckte Alternative. Pressemitteilungen können zum Beispiel innerhalb weniger Minuten an unbegrenzt viele Empfänger übermittelt werden.

Kosten

Viele Unternehmen betreiben gedruckte, teilweise aufwendig produzierte Newsletter, um ihre Kunden über Neuigkeiten zu informieren. In vielen Fällen können diese Newsletter durch E-Mails ersetzt, zumindest aber ergänzt werden. So senden zum Beispiel viele Steuerberater an ihre Klienten gedruckte Newsletter aus, in denen gesetzliche Änderungen oder Steuertips kommuniziert werden. Hier kann ein E-Mail-Newsletter Aktuelles ad hoc übermitteln, vertiefende Informationen können im gedruckten Newsletter stehen.
Für viele Unternehmen kam es aber bislang aufgrund der Kosten gar nicht erst in Frage, einen gedruckten Newsletter zu produzieren. Auch wenn jemand in der Firma Recherche, Textierung und Layout übernommen hätte – gescheitert ist das Vorhaben letztlich an Druckkosten und Porto.
Beim E-Mail-Newsletter sind die Distributionskosten ausgesprochen gering. Sieht man von den Einrichtekosten für Hard- und Software sowie von den Kosten der Internetanbindung ab, so ist der finanzielle Aufwand für den Versand von E-Mail-Newslettern zu vernachlässigen.

Porto für einen gedruckten Newsletter, der an 1000 Abonnenten verschickt wird:
800,– bis 900,– DM

Online-Kosten für den Versand eines E-Mail-Newsletters an 1000 Bezieher:
unter 10,– DM

Dazu kommen Einsparungen bei Papier, Kopier- oder Druckkosten, Briefumschlägen und Adreßetiketten sowie die Zeitersparnis durch den Wegfall des Kuvertierens, Etikettierens etc.

Kontaktaufnahme – Feedbackmöglichkeiten

Im gedruckten Newsletter sind die Möglichkeiten zur Kontaktaufnahme durch den Leser beschränkt. Er kann vielleicht ein Antwortkärtchen ausfüllen und einschicken, er findet vielleicht eine – im besten Falle kostenfreie – Telefonnummer, über die er weitere Informationen anfordern kann. Der E-Mail-Newsletter bietet hier schon wesentlich direktere Möglichkeiten, den Kunden dazu zu bringen, Kontakt zum Unternehmen herzustellen. Vorausgesetzt, der Empfänger liest den Newsletter online, reicht ein Mausklick, und er befindet sich mitten im Webauftritt des Unternehmens, vielleicht gleich auf der Angebotsseite oder beim Online-Gewinnspiel. Außerdem kann er sofort per E-Mail seine Anliegen formulieren – wiederum reicht ein Mausklick, und ein E-Mail-Fenster öffnet sich.

3.2 Typen von Newslettern

Es gibt zwei Haupttypen von Newslettern:

- Newsletter zur Kundenbindung
- Newsletter als Traffic-Builder

Newsletter zur Kundenbindung

Kundenbindung, das heißt: Beziehungsmarketing. Ein solcher Newsletter wird eingesetzt, um folgende Dinge zu kommunizieren:

Produktinformationen:	neue Modelle; Updates; Sondermodelle; Neuerscheinungen; Nachrichten, die mit den Produkten des Unternehmens in Zusammenhang stehen, etc.
Preisinformationen:	Ausverkauf; Sonderaktionen etc.
Serviceinformationen:	Support; Hilfestellung aller Art etc.
Unternehmensinformationen:	Termine; Messen; Jubiläen; Personelles etc.

```
____________________________________________________________
Hier ist das Siemens Telegramm, Nummer 21 vom 25.10.1999 mit
Themen und Trends rund um Information und Kommunikation,
Neues aus dem Unternehmen sowie Produktneuheiten.

============================================================
NACHRICHTEN IM ÜBERBLICK
-------------------------
1. UMTS: Siemens präsentiert als erstes Unternehmen Basista-
tionen für beide Luftschnittstellenarten der dritten Mobil-
funkgeneration
2. Kommunikationsprozesse unterstützen Unternehmensziele:
Neues Consulting-Angebot von Siemens.
3. Willkommen auf der SYSTEMS 99!
4. Wieder ist die Konkurrenz einen Schritt voraus und sogar
mit Ihrer Idee. Zufall???
5. Siemens liefert Tetrapol-Netz für Schweizer Grenzwacht-
korps: Sprach- und Datenfunk im Sicherheitsnetz.
-------------------------
ONLINE STUDIEN IM ÜBERBLICK
-------------------------
Frage der Woche vom 18.10.1999:
Welches Land hat verhältnismäßig die meisten Handybesitzer?
============================================================

 ***** Nachrichten *****
-------------------------
1. Als erstes Unternehmen weltweit präsentierte Siemens auf
der Telecom 99
UMTS-Basisstationen (Universal Mobile Telecommunication
System) für die beiden in der dritten Mobilfunkgeneration
vorgesehenen Luftschnittstellen-Modi FDD (Fre-quency Division
Duplex) und TDD (Time Division Duplex). Die Leistungsfähig-
keit beider Systeme wurde anhand von Live-Demos, wie Video-
konferenzen und Document Sharing, gezeigt. Mit den ersten
kommerziellen UMTS-Systemen ist ab 2002 zu rechnen. Spezielle
Techniken im GSM-System wie GPRS (General Packet Radio Ser-
vice) sorgen dafür, daß bald genügend Bandbreite für Multime-
diaan-wendungen im Mobilfunk bereitgestellt werden kann. Auf
dem Messestand in Genf präsentierte Siemens eine komplette
GPRS-Funkstrecke vom Internet-Server bis zum Endgerät.
..Klicken für den ganzen Artikel!
      ->http://194.121.239.192/cgi-bin/db4web_c.exe/db/
      pressedb/icn_user/de/pm_einzeln.d4w?pm_id=839
```

```
..Mehr zur Mobilkommunikation von
       ->http://w3.siemens.de/solutionprovider/
       effiz.d/sc3500.htm
_________________________

2. An Unternehmen aller Branchen richtet sich ein neues Con-
sulting-Angebot des Siemens-Arbeitsgebietes Information and
Communications, das eine umfassende produktneutrale Kommuni-
kationsberatung bietet. Ziel der neuen Dienstleistungen ist,
die Produktivität im Kunden-unternehmen durch einen optimier-
ten Informationsfluß zu erhöhen sowie Betriebskosten und
Gebührenaufkommen für Telekommunikation zu reduzieren.
.. Mehr zum Consulting-Angebot auf einen Klick.
       ->http://194.121.239.192/cgi-bin/db4web_c.exe/db/
       pressedb/icn_user/de/pm_einzeln.d4w?pm_id=826
.. Das Online-Consulting Angebot vom Solution Provider!
       ->http://w3.siemens.de/solutionprovider/
       online.d/index.htm
_________________________

3. Ein umfangreiches Programm bietet Ihnen der Solution Pro-
vider auf der heute beginnenden SYSTEMS 99. Informieren Sie
sich vorab bei uns - wir freuen uns auf Ihren Besuch!
.. Jetzt klicken für mehr Informationen.
       ->http://www.siemens.com/systems99
_________________________

4. Moderne Informations- und Kommunikationstechniken erhöhen
die Leistungsfähigkeit Ihres Unternehmens. Aber auch die
Gefahr der Manipulation. Die detaillierten Sicherheitskonzep-
te und die umfassenden Sicherheitslösungen von Siemens The
Solution Provider bieten effektiven Schutz.
.. Mehr zu den Security Services hier!
      ->http://w3.siemens.de/solutionprovider/
      effiz.d/sc1300.htm
_________________________

5. Der Bereich Information and Communication Networks der
Siemens AG erhielt von der Eidgenössischen Oberzolldirektion
in Bern den Auftrag, ein neues Sprach- und Datenfunknetz auf
Basis der weltweit eingeführten, digitalen Bündelfunktechnik
Tetrapol zu errichten. Der Rahmenvertrag für Beschaffung,
Installation und Inbetriebsetzung des Netzes umfaßt ein Volu-
men von rund 50 Mio. DM. Das neue Sprach- und Datenfunknetz
kann zu einem späteren Zeitpunkt problemlos in ein gesamt-
schweizerisches Sicherheitsnetz integriert werden, um die
Kommunikation auf operativer Ebene zwischen Polizei und Gren-
zwachtkorps zu ermöglichen.
.. Jetzt klicken für mehr!
```

```
      ->http://194.121.239.192/cgi-bin/db4web c.exe/db/
      pressedb/icn user/de/pm einzeln.d4w?pm id=820
..Das Thema des Monats beim Solution Provider.
      ->http://w3.siemens.de/solutionprovider/thema d/
      index.htm
=============================================================
ONLINE STUDIEN
_________________________
Frage der Woche vom: 18.10.1999
Welches Land hat verhältnismäßig die meisten Handybesitzer?
Deutschland 13.25 %  oder    11 Teilnehmer
Finnland    66.27 %  oder    55 Teilnehmer
USA          6.02 %  oder     5 Teilnehmer
Japan       14.46 %  oder    12 Teilnehmer
=============================================================

Haben Sie noch Fragen oder Anregungen zum Siemens Telegramm
oder zu unserem Internet-Angebot? Dann schicken Sie uns ein
E-Mail an mailto:infoline.systemhaus@icn.siemens.de oder
rufen Sie uns an unter 01805/340 380(*).
(*) bundesweit 24 Pf./Minute

PS: Begeistert? Dann empfehlen Sie das Siemens Telegramm
Kollegen und Freunden. Schicken Sie ihnen diese Internet-
adresse!
      http://w3.siemens.de/systemhaus/newsabo/

Oder wollen Sie kündigen? Dann schicken Sie dieses E-Mail mit
dem Betreff »Kündigung Siemens Telegramm« zurück oder klicken
Sie hier
      http://w3.siemens.de/solutionprovider/newsabo.d/
      kuendigung.htm

The Solution Provider.
Siemens. Information and Communication Networks.
http://www.siemens.de/SolutionProvider
```

Abbildung 8: Siemens Telegramm – http://www.siemens.de/

Newsletter als Traffic-Builder

Ein anderes Modell ist der »Traffic-Builder«, der Erzeuger von Zugriffen auf die Homepage, dessen Aufgabe es also ist, die Besucherzahlen auf der Website zu erhöhen. Klassische Anbieter sind hier die Online-Angebote von Printmedien und TV-Anstalten, die in ihren Newslettern lediglich angerissene News verschicken und so den User auf die Seite holen.

```
Der Wissenschaftsagent ist ein Service von bild der wissen-
schaft.

Sie haben den Agenten abonniert. Hier sind Ihre Meldungen von
heute:

Wenn Sie online sind, klicken Sie einfach auf die Adresse
(URL), um die Nachricht zu empfangen. Andernfalls kopieren
Sie die Adresse mittels »Kopieren und Einsetzen« in das
Adressfeld Ihres Browsers.

Mehr erfahren Sie in der Zeitschrift bild der wissenschaft.

Ihre bild der wissenschaft-Redaktion.

Meldung Nr. 7144 vom 26.10.1999
Rubrik: Gentechnik
Firma verpasst Säugetieren künstliches Chromosom. Technik
auch für Menschen geeignet?
http://www.wissenschaft.de/indexticker.hbs?myrec=7305&myid=196
482

Meldung Nr. 7148 vom 26.10.1999
Rubrik: Gesellschaft
Encyclopedia Britannica ab sofort zum Nulltarif im Web
http://www.wissenschaft.de/indexticker.hbs?myrec=7309&myid=196
482

Meldung Nr. 7147 vom 26.10.1999
Rubrik: Gesundheit
Alt aussehen durch wenig Schlaf
http://www.wissenschaft.de/indexticker.hbs?myrec=7308&myid=196
482

Meldung Nr. 7150 vom 26.10.1999
Rubrik: Medizin
```

```
Helfen AIDS-Medikamente gegen Alzheimer?
http://www.wissenschaft.de/indexticker.hbs?myrec=7311&myid=196
482

Meldung Nr. 7145 vom 26.10.1999
Rubrik: Neurophysiologie
Gehirne kompensieren Folgen des Alterns: Denkfähigkeit bleibt
erhalten
http://www.wissenschaft.de/indexticker.hbs?myrec=7306&myid=196
482
```

Abbildung 9: Der Wissenschaftsagent von Bild der Wissenschaft – http://www.bdw.de/

3.3 Nutzerzahlen von E-Mail-Newslettern

Da der professionelle Einsatz von Newslettern und Mailinglisten sich in unseren Breiten erst im Anfangsstadium befindet, gibt es keine kontrollierten Angaben zu Leserzahlen, wie wir sie durch die Auflagenkontrolle bei Zeitungen und Zeitschriften kennen. Einige Angaben sollen illustrieren, mit welchen Zahlen man hier zu rechnen hat (Stand November 2000):

WISO-Newsletter — ca. 18.000
Newsletter zur Fernsehsendung WISO
http://www.ZDF.de/
(wöchentlich)

Hightext NET multiMEDIA Daily Edition — 10.800
http://www.hightext.de/
(täglich)

ZDNET-UPDATE
Newsletter von ZDNet Deutschland — 48.000
http://www.zdnet.de/
(täglich)

AME – NetNite Newsletter — ca. 24.000
Newsletter von AME
http://www.ame.de/
(wöchentlich)

Pressetext Austria (adf hoc oder Digest, ca. 30 Meldungen pro Tag) http://www.pte.at/	12.000
PC Welt Daily http://www.pcwelt.de/ (täglich)	48.000
IW-Newsletter News aus der Internet-World-Redaktion http://www.iw.de/ (täglich)	11.200
The BULLS Börsenbrief http://www.THE-BULLS.com/ (unregelmäßig; mindestens monatlich)	20.000
Tipps & Tricks von Akademie.de http://www.akademie.de/ (wöchentlich)	19.500
W & V Online http://www.wuv.de/ (täglich)	18.500

Eine Übersicht über den deutschsprachigen Newslettermarkt bietet eine Studie von Mediaoffice.net. Mit Stand Dezember 2000 sind in der Datenbank 180 Newsletter mit detaillierten Angaben zu den einzelnen Angeboten erfaßt. Unter http://www.telemat.de/ ist ein Einblick zu Recherchezwecken möglich, der unter anderem Angaben zu Zielgruppe, Erscheinungsweise, Abonnentenzahl und zu Möglichkeiten der Anzeigenschaltung zeigt. Eine Profiversion mit zusätzlichen Daten und diversen Filtermöglichkeiten kann gegen Gebühr eingesehen bzw. abonniert werden.

Kostenfreie Recherchen in der Datenbank unter:
http://www.telemat.de/publikationen/publikationen.html

Profi-Version im Abo:
http://mediaoffice.net/dienste/newslettermarkt/

Eine weitere Quelle für Angaben zu Abonnentenzahlen und Anzeigenpreisen ist
http://www.newsletterpreise.de/

3.4 Die Gestaltung des Newsletters

Sie haben bereits ein paar wichtige Kriterien für den Aufbau eines Newsletters kennengelernt. Nun werden wir uns

- der inhaltlichen Gestaltung
- dem Layout
- der Gewinnung von Lesern

zuwenden.

3.4.1 Der Inhalt des Newsletters

Die schwerpunktmäßige Gestaltung des Inhalts wird natürlich von Unternehmen zu Unternehmen unterschiedlich sein. Die Palette der Möglichkeiten reicht von Produktinformationen, Neuerscheinungen, Terminen, Ankündigungen aller Art, Informationen über Neuerungen auf der Website bis hin zu Preisausschreiben, Gutscheinen und Pressemitteilungen.
Ihr Newsletter wird wahrscheinlich eine Mischform aus Traffic-Builder und Newsletter zur Kundenbindung sein. Das heißt, Sie werden Produktinfos vermitteln, aber vielleicht auch von Aktualisierungen auf Ihrer Homepage berichten und die Leser über einen Hyperlink auf Ihre Seiten locken. – Sie sehen, hier kommt ein weiteres Merkmal ins Spiel: der Newsletter als Mittel zur Bekanntmachung Ihrer Website.
Die folgende Liste ist als Anregung gedacht und erhebt keinen Anspruch auf Vollständigkeit. Sie können aber gleich ankreuzen, welche Themen für Sie in Betracht kommen, beziehungsweise eintragen, was Ihnen spontan dazu einfällt.

Checkliste: Themen und Inhalte

In Zusammenhang mit der Website

- News auf der Website
- Anreißer zu (längeren) Artikeln auf der Website
- Aktualisierungen auf der Website
- Hinweise auf Online-Events (Chat)
- Einladung zu Gewinnspielen oder Befragungen auf der Website
- Ankündigung neuer interaktiver Tools auf der Website, z. B. von

kleinen Onlinespielen, Foren, Downloads von Programmen etc.

Internetbezogene Tips

- Linktips
- Vorstellung der Websites von Geschäftspartnern
- Interessantes aus der Welt des Internet
- News zu Hard- und Software

Nachrichten aus dem Unternehmen

- Personelles
- Geschäftseröffnung
- Jubiläen
- Mitarbeiterporträts
- Vorstellung von Geschäftspartnern
- Aktionen
- Ausstellung, Hausmesse
- Events
- Pressemitteilungen

Nachrichten aus der Branche

- Innovationen
- Auszeichnungen
- Wettbewerbe
- Unternehmensvorstellungen
- Trends
- Interviews

Terminliches

- Veranstaltungen
- Messen
- Erscheinungstermine
- Jahrestage, Jubiläen
- Ferientermine

Praktische Tips

- Verwendung von Produkten
- Leitfäden
- Workshops

- Gebrauchsanleitungen
- Kochrezepte
- Heimwerkertips
- Gartentips
- Pflegetips aller Art

Sonstiges

- Buchtips
- TV-Tips
- Kinotips
- Ausflugstips
- Freizeittips
- Kulturelles
- Sport
- Witz des Tages/der Woche

Interaktives

- Gutschein
- Gewinnspiel
- Anmeldung zu Veranstaltungen
- Bestellhinweise, Bestellformulare
- Aufforderung, sich aktiv mit Beiträgen zu beteiligen
- Umfragen aller Art

Promotion für die Website und den Newsletter

- Bitte, den Newsletter an Freunde und Bekannte weiterzuschicken
- Aufforderung, die Website zu besuchen
- Bitte um Feedback, wie der Newsletter verbessert werden kann
- Frage nach Themen, die die Leser interessieren würden

3.4.2 Woher kommt der Inhalt?

Spätestens an dieser Stelle werden Sie sich vielleicht fragen: »Woher soll ich die Informationen nehmen, die ich in meinem Newsletter verarbeiten kann?«

Nun, hier gibt es sowohl online als auch offline zahlreiche Möglichkeiten.

- Sie nehmen die Informationen aus Ihrer täglichen Arbeit.
- Sie entnehmen News aus Branchenmagazinen, Produktinformationen Ihrer Lieferanten oder aus diversen Medien von Standesvertretungen und Interessengemeinschaften.
- Sie erhalten interessante News von Lieferanten und Geschäftspartnern.
- Sie stellen eigene Recherchen an, führen Interviews per E-Mail, per Telefon oder persönlich.
- Sie recherchieren im Internet:
  - für Beschreibungen von Websites

– für die Vorstellung von Newslettern und Mailinglisten

- Sie erhalten Inhalte von Ihren Lesern in Form von Leserzuschriften.
- Sie bringen Auszüge aus Büchern, Zeitschriften, Nachrichtenmedien aller Art.
- Sie entwickeln Tips, Ratschläge, Rezepte, Angebote, Serien selbst.
- Sie bitten Kollegen und Mitarbeiter um Beiträge.
- Sie tauschen sich mit anderen Newsletter-Autoren aus.
- Sie beantworten Anfragen von Kunden.

Darüber hinaus gibt es zahlreiche kostenlose Informationsangebote, die Sie in Form von Newslettern abonnieren können und aus denen Sie meist auch zitieren dürfen, vorausgesetzt Sie geben die Quelle an. Wenn Sie nicht sicher sind, ob das Zitieren erlaubt ist, schicken Sie eine kurze E-Mail mit einer Vorstellung Ihres Projekts an den Listenbetreiber – in der Regel werden Sie die Erlaubnis erhalten.

Interessante News-Dienste in deutscher Sprache, die eine große Zahl von Themen abdecken, sind zum Beispiel:

Newsaktuell
Originaltextservice (ots) der Deutschen Presse Agentur (dpa)
http://www.newsaktuell.de/

Pressetext Austria
http://www.pte.at/

Weitere Hinweise zu (kostenlosen) News-Diensten und zu journalistischer Recherche im Internet finden Sie bei:

Netzpresse.de
http://www.netzpresse.de/

3.4.3 Das Design des Newsletters

3.4.3.1 Die Hauptbestandteile eines Newsletters

So neu das Medium E-Mail-Newsletter auch ist, es haben sich doch bereits gewisse Standards entwickelt, wie ein Newsletter aufgebaut sein sollte.
Das Design spielt eine wesentliche Rolle dafür, ob Ihr Newsletter gerne gelesen wird, und auch dafür, ob sich ein Wiedererkennungseffekt beim Empfänger einstellt. Daher ist es wichtig, einige unveränderliche Bestandteile zu schaffen, die von Ausgabe zu Ausgabe gleich bleiben.

Die drei Hauptbestandteile eines Newsletters sind:

- der Kopf
- der Textkörper und
- der Fuß

Der Kopf des Newsletters

Der Kopf trägt folgende Angaben:

- den Namen des Newsletters, eventuell eine Kurzbeschreibung des Inhalts
- die Nummer der Ausgabe
- das Erscheinungsdatum
- die ISSN*, falls vorhanden
- den URL der Website des Herausgebers
- eventuell eine E-Mail-Adresse zur Kontaktaufnahme
- einen Hinweis, wie man sich aus der Empfängerliste austrägt bzw. wo diese Information zu finden ist
- eventuell einen Hinweis, wie viele Abonnenten den Newsletter beziehen
- eventuell einen Hinweis auf die Einstellung der Zeilenbreite und die optimale Schriftart

*) Die ISSN (International Standard Serial Number) ist eine international verbindliche Standardnummer und dient der kurzen und unverwechselbaren Identifikation von Publikationen, die in gedruckter oder anderer Form (z. B. CD-ROM, Internet etc.) fortlaufend erscheinen. Mit der Zuteilung der ISSN ist kein Copyright/Titelschutz verbunden. In der Deutschen Nationalbibliographie wird die ISSN zusammen mit den bibliographischen Angaben des entsprechenden Titels verzeichnet.
Alle nationalen Zentren melden ihre ISSN- und dazugehörigen Titeldaten an das Internationale ISSN-Zentrum in Paris, wo sie in einem internationalen Datenpool gespeichert werden. Das ISSN-Zentrum versendet auf Anfrage ausführliche Informationen. http://www.ddb.de/service/

```
-----------------------------------------------
———————————[ DR.WEB-NEWSLETTER ]———————————
       erscheint jeweils am 1. und am 15. eines Monats.
      Um den Newsletter zu verlassen, schreiben Sie eine Mail
       an: leave-dr.web-newsletter-xxxx@ideenreich.kbx.de
——————————————————————————————————

Deutsche Bibliothek     ISSN 1436-9826
Jahrgang                 2
Ausgabe                  33
Datum                    15.05.1999
Abonnenten               10.245
Zusammengestellt fuer   Karina
-----------------------------------------------
```

Abbildung 10: Kopf des Dr. Web-Newsletters – die wichtigsten Informationen in kompakter Form – http://www.ideenreich.de/

```
-----------------------------------------------
(You are receiving this newsletter because you requested
it. If you wish to unsubscribe, see end of this message.)

————————— CONTENT SPOTLIGHT —————————
   A newsletter for online content creators & publishers
           Edited by Amy Gahran and Steve Outing
————— Issue 1.3 / Published May 17, 1999 —————
-----------------------------------------------
```

Abbildung 11: Kopf des Newsletters Content Spotlight – http://www.contentious.com/

```
______________________________________________________________________

[ Tip: Use a monospace font like Courier when reading this message ]
     ________ ___________ _______ _________ __________ ___ _
    /        |           /       |         |          /   | \
   |         |    W-O-W,  I-T-'S   F-R-E-E !   |         /    |  \
   |_________|__________/________|_________|_________/     |   \
  /                                                    |_____|----
 \
 |    Get the latest news and tips on MICROSOFT OFFICE      |//////|     |
 |  Free weekly guide from award winning Woody Leonhard     |//////|     |
 |   *** Rated 5 stars by »Office Computing« magazine ***   |//////|     |
 | Join now!  WOW@wopr.com -or- http://www.wopr.com/wow/    |//////|     |
 \__________________________________________________________|______|_____|
       /  \  /  \                                             /  \
       \__/  \__/  T h e   I n t e r n e t   T o u r B u s    \__/
______________________________________________________________________
```

Abbildung 12: Der »künstlerisch« gestaltete Kopf des Klassikers »The Internet Tourbus«, eines wöchentlichen Newsletters zum Thema Internet. Die Grafik ist je nach Größe der darin enthaltenen Anzeige ausgeführt. – http://www.TOURBUS.com/

```
____________________________________________________________

<——Idealer Font: Monaco, Courier oder andere »fixed width«——>

>       *********************************************************
>       *********  __***___***/ /*** / |/ / __**_** *_**__ *******
>       *******/ _ \*/ -_)*/ __** /    // -_)  |/|/ (_-< *******
>       ******/_//_/*\__/**\__/* /_/|_/ \__/ |__,__/ ___) *******
>       *********************************************************
>       **  DER WOECHENTLICHE n e t N i t e NEWSLETTER **(c)AME*
____________________________________________________________
```

Abbildung 13: Der Kopf des NetNite Newsletters von AME Aigner Media & Entertainment – http://ame.de/

```
=================================================================
+++++ w&v Newsletter ++++ w&v Newsletter ++++ w&v Newsletter ++++

                     w & v - o n l i n e

                   Das Netz der Kommunikation
                       http://www.wuv.de

                              vom
                       04. November 1999
                          Gesendet um
                           20:31 Uhr
                              an
                     kmatejcek@netway.at

                    Abonnentenzahl: 9889

             Informationen zum (Ab-)Bestellen des
           Newsletters finden Sie am Ende der E-Mail

             Für optimale Lesbarkeit verwenden Sie
                   die Schrift COURIER


++++ w&v Newsletter ++++ w&v Newsletter ++++ w&v Newsletter +++++
=================================================================
```

Abbildung 14: Der Kopf des w&v Newsletters – http://www.wuv.de/

Der Body des Newsletters

Der Textkörper wird in den meisten Fällen mit einem Inhaltsverzeichnis eingeleitet.

Dieses sollte aus aussagekräftigen Schlagworten bestehen, die den Leser neugierig machen. Oft werden die Überschriften der folgenden Texte angeführt. Die Beispiele zeigen einige gängige Lösungen.

```
STERN Newsletter Daily 26.10.1999
_______________________________________________________________

THEMA DES TAGES:
1.  SPD: Panzer-Entscheidung endgültig

TOP NEWS:
2.  Schweiz: Rechte wollen mehr Macht

DIESER TAG IM JAHRTAUSEND:
3.  1905: In St. Petersburg wird der erste Sowjet gegründet

WEBREPORTER:
4.  Die Mauer nach dem Fall
5.  Trainspotting für Kids
_______________________________________________________________
```

Abbildung 15: Inhaltsverzeichnis des Stern Newsletters – http://www.stern.de/

Der täglich erscheinende Newsletter von *Stern* ist nach einem klaren Prinzip aufgebaut, auf besondere grafische Gestaltung wird verzichtet.
Ganz anders beim *NetNite Newsletter*: Wie wir schon beim oben gezeigten Kopf sehen konnten, wird hier viel Wert auf ein kreatives Layout gelegt.

```
> 01.10.99 <                                              Ausgabe 39/99
>//////////////////////////////////////////////////////////////////////////
>                    **              Inhalt              **
>//////////////////////////////////////////////////////////////////////////

>-> ____________ T O P NEWS Online ______________________________

     1. AUSGEZEICHNET - Guenter GRASS ist NOBELPREISTRAEGER
     2. PRICELINE - jetzt BESTIMMT die KUNDSCHAFT die SUPERMARKTPREISE
     3. NEXT GENERATION - PROVIDER startet mit neuem IP-PROTOKOLL »IPv6«
     4. MOBIL - die ersten INTERNET-TERMINALS in US-TAXIS
     5. ANGESCHOBEN - ONLINE-GLUECKSSPIELE auf der UEBERHOLSPUR

>-> ______ Neue/empfehlenswerte W e b p a g e s _________________

    6.1 ZOO-SEITE von den eigenen TIEREN LAHMGELEGT
    6.2 ABSOLUTE SICHERHEIT gibt's nicht - schon GAR NICHT beim SURFEN
    6.3 Bei jeder EMAIL KLINGELT Ihr HANDY
    6.4 PAPIERFLIEGER ADE? Elektronische Medien contra Buchdruck

>-> ______ TOP-NEWS Hard/Software ______________________________

     7. MAC: MP3's per DRAG & DROP erzeugen mit N2MP3 1.02 (SHAREWARE)
     8. Die PRIVATE STANDLEITUNG, die schon JEDER ZUHAUSE hat

>-> ______ O N L I N E-Mix _____________________________________

     9. VERNETZTER HAUSHALT - Internet-Initiative »FRAUEN ANS NETZ«
    10. TOBYS Provider-Kostentest (DAS GUENSTIGSTE INTERNET-BY-CALL)

>-> ______ Tipps und Tricks ____________________________________

    11. VERANSTALTUNGSHINWEIS: NET ECONOMY Workshop No. 5
    12. Am Samstag im NetRadio: GEBRAUCHTWAGEN im INTERNET
    13. LEXIKON: Mainframe-Computer
    14. WINDOWS 98: Tipps fuer den schnelleren Rechner (18)

->  15. netNewsletter INTERN / IMPRESSUM<<<
```

Abbildung 16: Das Inhaltsverzeichnis des NetNite Newsletters von AME Aigner Media & Entertainment. Es handelt sich um ein sehr umfangreiches Angebot, das wöchentlich verschickt wird. – http://ame.de/

Ohne Schnörksel kommt das Angebot von *Akademie.de* daher. Der Newsletter ist sehr knapp gehalten, was sich bereits im Inhaltsverzeichnis ausdrückt.

```
-----------------------------------------------

THEMENUeBERSICHT VOM 21. Oktober 1999

    - Multifunktionaler Counter
    - Wundertuete vom 19. Oktober
    - Echte Postkarten zum Nulltarif
    - Cookies 4 - Links zu weiteren Infos
    - Seitenblicke vom 21. Oktober
```

Abbildung 17: Inhaltsverzeichnis des Tipps-&-Tricks-Newsletters von Akademie.de – http://www.akademie.de/

Ganz anders das Inhaltsverzeichnis des US-Online-News-Dienstes CNET. Hier werden Links zu den vollständigen Texten auf der CNET-Website eingefügt. Diese Links stehen dann ein zweites Mal bei den Ausführungen der News im Hauptteil, die ihrerseits lediglich eine Kurzversion dessen sind, was auf CNET.com zu finden ist.

```
TABLE OF CONTENTS:

Today's Top News Stories: The tech news you need to know.

-   Dell takes top spot
      http://2.digital.cnet.com/cgi-bin2/flo?x=dAooBoEmYwAAmKum
-   Cisco, Microsoft mingle
      http://2.digital.cnet.com/cgi-bin2/flo?x=dAooBoEmYwAAmBuw
-   AT&T's cable-phone woes
      http://2.digital.cnet.com/cgi-bin2/flo?x=dAooBoEmYwAAmmuX

ONLINE VERSION for AOL and Outlook Express users:
http://2.digital.cnet.com/cgi-bin2/flo?x=dAooBoEmYwoumuB

Also in the News
```

```
-   EDS, MCI WorldCom ink $12.4 billion deal
     http://2.digital.cnet.com/cgi-bin2/flo?x=dAooBoEmYwAguuuK
-   PC makers struggle with Coppermine strategy
     http://2.digital.cnet.com/cgi-bin2/flo?x=dAooBoEmYwAguAuB
-   Studios scramble to prevent Net piracy
     http://2.digital.cnet.com/cgi-bin2/flo?x=dAooBoEmYwAgugum

Questions about your subscription? Check the end of this let-
ter for information.
```

Abbildung 18: Inhaltsverzeichnis des Newsletters von CNET, in dessen Mittelpunkt Nachrichten aus der Computer- und Internet-Szene stehen – http://www.news.com/

Der Textteil des Newsletters

Danach folgt der eigentliche **Hauptteil** des Newsletters: Ihre **Textbeiträge.** In welcher Form diese gestaltet werden, hängt sehr stark von der Art Ihres Newsletters ab. Je nachdem, ob Sie vollständige Nachrichten bringen oder ob Sie Ihre Botschaften in Form eines Kurztextes (Teaser) nur anreißen, um den Leser über einen URL auf Ihre Website zu »locken«, werden die Texte jeweils unterschiedlich gestaltet.
Die folgenden Beispiele zeigen die vielfältigen Möglichkeiten, die es bei der Textgestaltung im Hauptteil gibt. Die ausgewählten Beispiele sind bewußt in diesem Umfang abgebildet, damit Sie sich einen guten Eindruck von den Möglichkeiten verschaffen können. (Schreibfehler wurden nicht korrigiert, Auslassungen sind durch [...] gekennzeichnet.)

Amazon, Pionier im Online-Buchhandel, präsentiert in verschiedenen Themen-Newslettern interessante Neuerscheinungen mit relativ ausführlichen Besprechungen. Auf der Website von *Amazon* gibt es Leserbewertungen der Bücher mit Sternchen sowie Angaben dazu, was Leser dieses Buches noch bestellt haben. Dieses Prinzip wird von der *Amazon*-Website in den E-Mail-Newsletter hinübergetragen. Das bewirkt einen hohen Wiedererkennungswert des »*Amazon*-Stils«.
Am Ende des Hauptteils die Aufforderung zur Interaktion mit der tröstlichen Botschaft: »Wir werden uns darum kümmern.«

```
Willkommen bei »Amazon.de bringt's«, dem E-Mail-Newsletter
von Amazon.de

Ausgabe: Webdesign und -programmierung, Oktober 1999
[...]

WEBDESIGN-KLASSIKER
* * * * * * * * *
»Webdesign mit Photoshop 5. Webgrafiken professionell
gestalten mit Mac und PC«
von Michael Baumgardt
89,90 DM
http://www.amazon.de/exec/obidos/ASIN/3827314577/brweb0104
Durchschnittliche Leserbewertung: 4 von 5 *****
Michael Baumgardt deckt in »Webdesign mit Photoshop 5« die
ganze Bandbreite relevanter Themen und Darstellungen fuer
die Arbeit mit dem Standard-Bildbearbeitungsprogramm an
Netz-Seiten ab. Welche Grundeinstellungen erleichtern die
Ablaeufe, wie setzt man Bild-Kompression effektiv und
angemessen ein? Die richtige Antworten auf diese Fragen
trennen den Profi- vom Hobby-Designer. Baumgardt gibt dem
passionierten HTML-Kenner die noetigen Werkzeuge zur
erfolgreichen kreativen Arbeit in die Hand, bespricht
ausgiebig Beispielseiten und fuehrt Interviews mit
erfolgreichen Designern. Auch der Einsatz von Programmen wie
GoLive, Fireworks oder ImageReady gehoert zum Repertoire.
»Webdesign mit Photoshop 5« ist ein Standardwerk, das die
Antworten gibt, die manch einem schon als gut gehuetete
Geheimnisse erschienen.

Kunden, die dieses Buch gekauft haben, haben auch die
folgenden Buecher gekauft:
»Web Graphics. Tools und Techniken fuer die Web- Gestaltung«
von Peter Kentie
http://www.amazon.de/exec/obidos/ASIN/3827313619/brweb0104
»Webdesign der Profis. Webdesign entschluesselt in
Fallstudien«
von Lynda Weinman u. Jon Warren Lentz
http://www.amazon.de/exec/obidos/ASIN/3827254132/brweb0104
»Adobe Photoshop 5.0. Classroom in a Book«
http://www.amazon.de/exec/obidos/ASIN/3827254280/brweb0104

BESTSELLER
* * * * * * * * *
»Eigene Homepage erstellen«
```

```
von Peter Mueller
http://www.amazon.de/exec/obidos/ASIN/3815811368/brweb0105

»HTML 4.0 Handbuch. HTML, JavaScript, DHTML, Perl«
von Stefan Muenz und Wolfgang Nefzger
http://www.amazon.de/exec/obidos/ASIN/3772375146/brweb0105

»Java 2 in 21 Tagen«
von Laura Lemaym und Charles L. Perkins
http://www.amazon.de/exec/obidos/ASIN/3827255783/brweb0105

»Director 7 Workshop«
von Gerd Gillmaier, Joachim Gola
http://www.amazon.de/exec/obidos/ASIN/3827314437/brweb0105

»Perl Kochbuch. Beispiele und Lösungen für Perl-
Programmierer«
von Tom Christiansen und Nathan Torkington
http://www.amazon.de/exec/obidos/ASIN/3897211408/brweb0105


DIE AMAZON.DE HOT 100
* * * * * * * * *
Wollen Sie wissen, welche Buecher sich in diesem Augenblick
am besten verkaufen? Dann werfen Sie einen Blick auf die
Amazon.de Hot 100. Dort stehen die Titel, die unsere Kunden
in den letzten 24 Stunden bei Amazon.de ausgewaehlt haben.
Eine Seite fuer alle, die ganz nah am Puls der Buchkaeufer
sein wollen.
http://www.amazon.de/hot-100/

[...]

JETZT GIBT'S WAS ZU HOEREN: MUSIK BEI AMAZON.DE
* * * * * * * * *
Ab sofort ist Amazon.de nicht mehr nur Deutschlands
fuehrender Online-Buchhaendler: Amazon.de bietet Ihnen
mit rund 200.000 Titeln jetzt auch ein umfangreiches
Musik-Angebot. Fundierte Rezensionen von unserer
Musik-Redaktion und unseren Lesern und viele Hoerproben zu
aktuellen CDs geben Ihnen mehr als nur grosse Auswahl:

Kompetente Beratung mit dem bekannten Kunden-Service von
Amazon.de. Und natuerlich gibt es auch gleich zehn neue News-
letter von »Amazon.de bringt's« zu Musikthemen, von Jazz ueber
```

```
Hip Hop, Pop und Hard&Heavy bis zu Klassik oder Alternative.
Mehr? http://www.amazon.de/

                         *********

Ihre Meinung ist uns wichtig! Schreiben Sie uns, wenn Sie
Vorschlaege oder Ideen fuer »Amazon.de bringt's« haben.
Antworten Sie einfach auf diese E-mail – wir werden uns
darum kuemmern.
```

Abbildung 19: »Amazon.de bringt's«, einer aus einer ganzen Reihe von Newslettern des Online-Buchhändlers Amazon.de – http://www.amazon.de/

Abbildung 20: Newsletter-Bestellung bei der Online-Buchhandlung Amazon.de – http://www.amazon.de/

Gar nicht dezent kommt das nächste Beispiel daher – die Dynamik des E-Mail-Dienstleisters *GMX* spiegelt sich sowohl im Layout als auch in der Sprache der *GMX*-Info wider. Für ganz Eilige gibt's den Quick-Check – um noch schneller in die Fülle von Informationen eintauchen zu können. Zahlreiche Aufforderungen zum Klicken erreichen ihren Höhepunkt in der Ankündigung des moderierten Chats zu einem Thema, das jeden Mail-Freak brennend interessieren dürfte. – Ich gestehe, das ist einer meiner Lieblings-Newsletter. :-)

```
******************************************************************
Der GMX Quick-Check - Für eilige Leser

+++ UMS-Voicebox glänzt mit neuen Funktionen (I.) +++

+++ Tipps und Tricks: Die Funktion »Neue Mail« nach dem Redesign (II.)
+++

+++ Moderierter Chat in GiMiX: Am Mittwoch beantwortet ein Spezialist
Ihre Fragen zum Thema Unified Messaging System (UMS) (IV.) +++
******************************************************************

GMX-Info 26/99:

I.    Erweiterte Funktionen der Voicebox (GMX Mail Pro)
II.   Tipps und Tricks: Das weisse Blatt Papier - »Neue Mail«
III.  Ausgewähltes: Benefiz-Kunstversteigerung und McDonald`s
IV. GiMiX-Wetter: Moderierter Chat zu UMS
V.   Obligatorisches/Disclaimer/Impressum


Liebes GMX-Mitglied,
==================================================================
»Häää? Bin ich jetzt schon drin oder was?« Diese Frage stellt sich
derzeit nicht nur dem neuen Schutzpatron aller Internet-Schwellen-
angst-Geplagten Boris »Ich bin drin!« Becker, sondern auch denjenigen
unter unseren Mitgliedern, die den neuen GMX-Auftritt - vor der offi-
ziellen Inbetriebnahme unter http://preview.gmx.net in Augenschein zu
nehmen - schon mal ausprobiert haben. Unsere Überraschung scheint
gelungen: Die ersten Reaktionen waren fast durchwegs voll des Lobes.
Die Produktion nimmt momentan den letzten Feinschliff vor,
Sie können Ihren Mailverkehr jedoch bereits unter der neuen Webober-
fläche abwickeln. Falls Sie uns noch Feedback geben möchten:
mailto:gmx-design@gmx.net.
```

```
»Endlich drin« sind auch all diejenigen, die wochenlang sehnsuchts-
voll der offiziellen Eröffnung unseres neuen Chatbereichs GiMiX ent-
gegenfieberten. Chatten, diskutieren, nette Leute kennen lernen -
GiMiX machts möglich. In unserem »alten« Auftritt hat GiMiX seine
vorläufige Heimat im Bereich »Specials« gefunden, die neue Oberfläche
ermöglicht Ihnen den Einstieg in GiMiX direkt über die Hauptnaviga-
tion.
Schauen Sie doch mal rein!


I. Erweiterte Funktionen der Voicebox (GMX Mail Pro)
==================================================================
»Mehr drin« ist jetzt auch in unserem Leistungskatalog in Sachen UMS
(Unified Messaging System), und zwar innerhalb der Voicebox.
Kleiner Schwenk zur Begrifflichkeit UMS: Das Prinzip beruht auf der
Tatsache, dass alle Nachrichten unabhängig davon, ob sie als
E-Mail, Fax- oder Sprachnachrichten vorliegen, in Form von Daten
übermittelt und empfangen werden können. UMS wandelt diese Daten je
nach Bedarf um.

In unserer neuen Funktion geht es um die Voicebox, für die Sie als
GMX Mail Pro Benutzer eine persönliche Einwahlnummer generiert be-
kommen haben. Sie können ab sofort Ihre Voicebox mit einem persön-
lichen Ansagetext beleben: »Hier ist die Voicebox von Boris Becker.
Ich bin drin.«. Innerhalb der Voicebox kann der Empfänger - eben-
falls eine neue Funktion - auf die vorgelesene E-Mail reagieren,
sprich eine Antwort in Form einer *wav-Datei aufsprechen.

Zum Thema UMS findet am Mittwoch, den 27. Oktober, um 20 Uhr ein
moderierter Chat mit einem GMX-Fachmann in unserem neuen Chatbereich
GiMiX statt. Alle interessierten Mitglieder sind herzlich eingeladen!


II. Tipps und Tricks: Das weisse Blatt Papier - »Neue Mail«
==================================================================
Die Funktion »Neue Mail« steht im übertragenen Sinne für ein leeres
weisses Blatt Papier, das beschrieben werden will.
Und ähnlich wie die Formalien eines Briefes sind die einer Mail.
In der Kopfzeile steht der virtuelle Absender. Nehmen wir mal an,
Steffi G. schreibt Boris B. eine Mail, dann stünde in dieser Zeile
beispielsweise Steffi-G@gmx.net. Am Ende der Eingabezeile »Von/From«
können Sie eine der für Ihren Account aktivierten E-Mail-Adressen
als Absenderadresse Ihrer Nachricht auswählen und gleichzeitig die
angelegte Signatur laden, die dann als Fusszeile Ihrer Nachricht
erscheint.
```

```
In die Zeile »An/To« geben Sie die E-Mail-Adresse des Empfängers ein.
In unserem Beispiel wäre das: BorisB@aol.net. Es können auch mehrere
Adressen eingegeben und durch ein Komma getrennt werden. Und falls
Sie bereits Ihr persönliches Adressbuch angelegt haben, können Sie
auf die gespeicherten Adressen durch einen Klick auf das Adressbuch-
symbol am Ende der Zeile zugreifen.
Besondere Aufmerksamkeit verdient die Betreffszeile, denn diese soll
den Empfänger auf den ersten Blick über das Thema Ihrer Nachricht
informieren. Unser Beispiel: »Pizza essen mit André und mir?«

Mit »Kopie/Cc«: können Sie weitere E-Mail-Adressen eingeben, an die
Ihre Nachricht dann als Kopie zur Kenntnisnahme gesendet wird. In der
Zeile »Blindkopie/Bcc« können Sie E-Mail-Adressen einsetzen, die eben-
falls eine Kopie dieser Nachricht empfangen sollen, der eigentliche
Empfänger erfährt allerdings nichts über diese Benachrichtigung.
Steffi G. könnte somit André A. die Mail an Boris B.zusenden, ohne
dass Boris davon erfährt.
Auch über das Adressbuch können Sie die Funktionen »To« (=an), »Cc«
(=Kopie an) und/oder »Bcc« (=Blindkopie) wählen und mit einem »ok«
am Seitenende aktivieren.
Sie wollen einen Dateianhang versenden? Dann ist dies unter »Datei/
File« auszuführen. Durch einen Klick auf den Button »Durchsuchen«
können Sie die entsprechende Datei auf Ihrer Festplatte aufrufen.
Mit attachment/inline haben Sie alternativ die Möglichkeit eine
Datei separat zu öffnen (attachment) oder in einen Anhang integriert
zu versenden (inline).

Und jetzt gehts los! Mit »Nachricht an Empfänger senden« geht die
virtuelle Post ab, alternativ könnten Sie an dieser Stelle die Mail
im Ordner »Entwürfe« speichern. Was in der Mail von Steffi G. an
Boris B. steht, die auch André A. empfängt, wissen wir natürlich
nicht.
Wollen wir auch nicht wissen, Sie etwa?

Die Angebote der Woche im GMX-Einkaufszentrum
==================================================================
SPORT:
Unsere ALEX Daunenjacke wärmt Sie für nur 100,00 DM
http://www.gmx.net/cgi-bin/mall?MALL=Mall1&SHOPENTRY=n_sport1

BUCH:
DER Datenschutz gegen Hacker auf CD-Rom zum Aktionspreis! 39,95 DM
http://www.gmx.net/cgi-bin/mall?MALL=Mall1&SHOPENTRY=n_buch1
Die Top 10 der gefragtesten Buchtitel!!!
http://www.gmx.net/cgi-bin/mall?MALL=Mall1&SHOPENTRY=n_buch2
```

```
DVD/VIDEO:
Thompson DVD-Player der 3. Generation statt 1.499,-DM 1.299,00 DM
http://www.gmx.net/cgi-bin/mall?MALL=Mall1&SHOPENTRY=n_video1

CD:
JETZT REINHÖREN! Neue Bloodhound Gang CD »hooray for boobies« 19,99
DM
http://www.gmx.net/cgi-bin/mall?MALL=Mall1&SHOPENTRY=n_cd1

EDV:
Machs mal digital.... 1.550,- DM
http://www.gmx.net/cgi-bin/mall?MALL=Mall1&SHOPENTRY=n_edv1
Star Wars-Episode 1 für die Playstation nur 99,95 DM
http://www.gmx.net/cgi-bin/mall?MALL=Mall1&SHOPENTRY=n_edv2

AUKTION:
3COM Palm V Organizer, kleiner und leichter geht´s nicht ab 199,- DM
http://www3.gmx.net/cgi-bin/mall?MALL=Mall1&SHOPENTRY=auktion1


Finanzzentrum:

VERSICHERUNG:
Kein Traum: die individuelle Kfz-Versicherung. Wechseln Sie!
http://www3.gmx.net/cgi-bin/finance?ENTRY=versicherung1


III. Ausgewähltes: Benefiz-Kunstversteigerung und McDonald`s
==================================================================
++ Top: »Künstler für Kinder«-Auktion
Dennis Hopper, Christo und Jeanne-Claude, Lou Reed, Paul Auster oder
Udo Lindenberg spendeten ihre Werke in den Kunst-Pool, der dem
Kinderhilfswerk UNICEF zugute kommen soll. Bereits jetzt kann man
im virtuellen Auktionshaus Ricardo sein Gebot abgeben. Am 13. Novem-
ber
werden die namhaften 150 Kunstobjekte im Jüdischen Museum ab 17.00
Uhr versteigert. Auch der Auktionstag wird live im Internet über-
tragen.
http://www.kuenstlerfuerkinder.de
http://www.ricardo.de

– Flop: Ausgewogenes bei McDonald`s
Die neuen Internetseiten von McDonald`s aus der Schweiz klären uns
über die Nahrhaftigkeit der McDonald`s Produkte auf: »Weshalb sind
die McDonald's Menus so ausgewogen? Weil sie die wichtigsten
```

```
Lebensmittel beinhalten (Fleisch, Kartoffeln und Salate).«
http://www.mcpark.ch

IV. Das GiMiX-Wetter: Moderierter Chat zu UMS
=================================================================
In der Rubrik Wetter finden Sie in Zukunft Aktuelles zu unserem
neuen Chatbereich GiMiX.
Der wöchentlich stattfindende moderierte Chat steht diesmal unter
dem Motto »Unified Messaging«. Am Mittwoch, den 27. Oktober um
20 Uhr stellt sich ein Spezialist aus dem Hause GMX Ihren Fragen
zu diesem Thema. [...]
```

Abbildung 21: GMX-Info, wöchentlicher Newsletter des Mail-Dienstleisters GMX – http://www.gmx.de/

Das nächste Beispiel führt uns aus der Hektik des Online-Business hin zu Entspannung und Beschaulichkeit. Der wöchentliche Newsletter von *Zeit zu leben* ist mit einer umfangreichen Website gekoppelt, auf die auch zahlreiche Verweise führen. Er ist aber auch als eigenständiges redaktionelles Produkt von hohem Nutz- und Informationswert und lädt in der Hektik des Alltags zum kurzen Verweilen ein. Die optische Gestaltung vermittelt Ruhe und Ausgeglichenheit. Viele Leser werden diese E-Mail mehrmals »zur Hand« nehmen.

```
______________________________________________________________

     ZEIT ZU LEBEN  NEWSLETTER - NR. 56 - 22. Oktober 1999

                  Ihr Online-Ratgeber für
          Zufriedenheit, Erfolg und Lebensqualität

                 http://www.zeitzuleben.de

          Redaktion: Tania Konnerth & Ralf Senftleben
______________________________________________________________


DIESES MAL BEI UNS ___________________________________________
```

```
    -> Aufgelesen

    -> Der Simplify-Tip: Wohltuende Freiheit

    -> Neue Angebote bei Zeit zu leben
         -> Standpunkte: Die aktuelle Frage
         -> Neue Buch- und Medienbesprechungen
         -> Aktuelle Fernsehtips

    -> Interessantes und Wissenswertes
         -> Frühes Tierekuscheln macht allergie-resistenter
         -> Langsam, aber gesund abnehmen

    -> Die Zeit zu leben-Kolumne: Vom Leben im Hier und Jetzt


AUFGELESEN ___________________________________________________


    »Wenn die Türen der Wahrnehmung erweitert würden, so würde
    dem Menschen alles so erscheinen, wie es ist: unendlich. Aber
    der Mensch hat sich so eingeschlossen, daß er alle Dinge nur
    noch durch die schmalen Spalten seiner Höhle sieht.«

                                                     William Blake

DER SIMPLIFY-TIP ____________________________________________


  -> Wohltuende Freiheit

    Lassen Sie bewußt Räume leer: ein Fach im Schrank, eine große
    Fläche auf Ihrem Schreibtisch, eine Schublade, eine ganze
    Wand, ein Regalfach. Fühlen Sie, welche wohltuende Wirkung
    davon ausgehen kann.

    Wenn in Ihnen der Wunsch aufkommt, die leeren Flächen zu
    füllen - lassen Sie solche Gedanken zu, und beobachten Sie,
    wie sie allmählich verebben und einer gelösten Gelassenheit
    Platz machen: »Ja, ich kann auch einfach etwas so frei
    lassen, wie es ist.«

                                 (aus »Simplify Your Life«, Nr. 6;
                                          http://www.simplify.de)
```

```
ANZEIGE ____________________________________________________

JobMagazin - Deutschlands Stellenzeitung im Internet

    Die Top-Adresse unter Deutschlands Stellenbörsen: JobMagazin
    ist die bedienerfreundliche, überregionale Plattform für alle
    Stellenanbieter und -suchenden. Das Angebot von JobMagazin
    geht weit über bisher Gekanntes hinaus: Im Karrieremagazin
    findet der Besucher jede Menge Tips für eine erfolgreiche
    Bewerbung und Vorstellung. Aktionen finden am laufenden Band
    statt - vom Gewinnspiel bis hin zum Lexikon ist für jeden
    Besucher das Richtige geboten. Neu sind auch die gestalte-
    ten Anzeigen der Stellenanbieter, die das CD des Unterneh-
    mens perfekt repräsentieren.

    http://www.jobmagazin.de


NEUES BEI ZEIT ZU LEBEN ____________________________________


 -> Standpunkte - die aktuelle Frage

    In der eigenen Vergangenheit wühlen oder lieber nicht?

    http://www.zeitzuleben.de/cgi-bin/forum.pl?a=b&bid=fdw


 -> Neue Buch- und Medienbesprechungen

    Aktuell haben wir wieder neue Medien für Sie besprochen z.B.
    zu Themen wie Fitness, Bewerbungen oder Partnerschaft u.a.

    http://www.zeitzuleben.de/buch/index.html#neu


 -> Aktuelle Fernsehtips bei »Zeit zu leben«

    In der kommenden Woche finden Sie hier Fernsehtips, z.B. zu
    »Feng shui«, Gesundheit, Religion u.a., unter:

    http://www.zeitzuleben.de/fernseh_tips.html


INTERESSANTES & WISSENSWERTES ______________________________
```

-> Frühes Tierekuscheln macht allergie-resistenter

Durch eine Studie konnte nun belegt werden, daß Kinder, die auf Bauernhöfen mit Tieren aufwachsen und so häufig Kontakt mit Tieren haben, später seltener an Allergien erkranken, als Kinder ohne Tierkontakt. Nach dieser Studie haben Kinder, die auf Bauernhöfen aufwachsen dreimal seltener Heuschnupfen oder Asthma als Kinder, die in der Stadt leben und keine Tiere um sich haben.

Quelle: Michael Wochner
gefunden in: Bild der Wissenschaft

-> Langsam, aber gesund abnehmen

Radikaldiäten sind schädlich. Dies wurde nun durch eine weitere Studie bestätigt, in der 100 Frauen untersucht wurden. Ein Teil der Frauen nahm langsam ab, die anderen mit Crash-Diäten. Bei den Schnellabnehmern traten verschiedene Nebenwirkungen auf, wie z.B. eine Verlangsamung des Reaktionsvermögens, Nachlassen der Gedächtnisleistung und Konzentrationsprobleme.

Quelle: BBC
gefunden in Morgenwelt

ANZEIGE ____

*** Meine Zeit entsteht - Lebens-Zeit anders gestalten ***

Dieses erfolgreiche Seminar ist einzigartig - es beginnt, wo das klassische Zeitmanagement aufhört. Erleben Sie den Paradigmenwechsel im Umgang mit Zeit!

Themen u. a.: * individuelles Zeiterleben * Ziele, Wünsche, Visionen * Eigenzeit * multitemporale Persönlichkeit * Zeitwohlstand *

Fr. 19.11.99, 13:00 bis So. 21.11.99, 16:30 - Bordesholm bei Kiel. Newsletter-Sonderpreis: 790 DM incl. MwSt mit Geld-zurück-Garantie!

T 0431-5578559 F 0431-5199891 E mailto:info@my-com.de
http://www.my-com.de

```
    Ihr my_time Team - Wolfgang Hamm und Hans D. Brandhoff

DIE ZEIT ZU LEBEN-KOLUMNE ___________________________________

  -> Vom Leben im Hier und Jetzt

    In sehr vielen Selbsthilfebüchern wird immer wieder die
    Fähigkeit heute zu leben, als Lösung für viele unserer
    Probleme gepriesen. Ein Leben im Hier und Jetzt - das haben
    wir selbst schon beschrieben und es hört sich ja wirklich
    gut an.

    Aber natürlich gibt es hier auch wieder ein großes »Aber!«:
    Wer im Hier und Jetzt lebt, verliert schnell den Blick auf
    das große Ganze, weil uns der Alltag so fordert. Wer ganz im
    Heute verhaftet ist, lebt manchmal wie ein Hamster, der
    Vorräte für den Winter sammelt, um gut über die Runden zu
    kommen. So kommt man aber über das Sammeln selten hinaus.

    Der Blick nach vorne - in die Zukunft - dorthin, wo man
    einmal hinwill, ist unerläßlich, wenn man dort je ankommen
    will. Sie können Ihr Leben nicht im Hier und Jetzt planen.
    Dafür müssen wir uns aufmachen in die ungewisse Zukunft, um
    dort so etwas wie Magneten in Form von attraktiven Zielen zu
    setzen, die uns dann anziehen. Nur mit solchen Langzeit-
    zielen ist es Ihnen möglich, heute die richtigen Entschei-
    dungen zu treffen.

    Aber auch der Blick zurück, zu dem was hinter uns liegt, ist
    wichtig. Nur wenn wir schauen, was uns in der Vergangenheit
    geprägt hat, können wir erkennen, warum wir heute sind, wie
    wir sind. Und nur wenn wir Mißgeschicke und Mißerfolge
    analysieren, können wir aus unseren Fehlern lernen.

    So sind wir also mitten im Dilemma: Wie kann ich intensiv
    mein Leben heute leben und gleichzeitig festlegen, was ich
    morgen erreichen will und auch noch aus dem lernen, was
    gestern war?

    Wie bei so vielem gilt hier auch wieder das Prinzip Viel-
    falt.
    Es ist kein »Entweder, oder...«, sondern ein »Sowohl, als
    auch...«
```

Lernen Sie also, heute zu leben, aus dem Gestern zu lernen und ab und zu nach vorne zu reisen. Halten Sie Ihren Blick auf die großen Ziele gerichtet, werden Sie aber im Hier und Jetzt aktiv und ziehen Sie Konsequenzen aus dem, was Sie bereits erfahren haben.

Seien Sie also ein bißchen wie ein Zeitreisender in Ihrem eigenen Leben...

Tania Konnerth
mailto:tania.konnerth@zeitzuleben.de

ANZEIGE ____

Noch Seminarplätze frei für »Zeit zu leben«-Leser:

-> 10 % Rabatt für alle Zeit zu leben-Leser für das Seminar: So machen Sie aus Ihren Präsentationen einen »starken Auftritt«! in Mannheim am 12. November 1999, Veranstalter: TEAMwork GmbH, http://www.teamwork-gmbh.de/Zeitzuleben.htm, Infos und Anmeldung mailto:training@teamwork-gmbh.de

-> Das explosive Seminar...! in Gronau am 6. November 1999, Veranstalter: Split Consulting GmbH http://www.weckel.com, Infos und Anmeldung mailto:explosiv@weckel.com

-> Erfolg ist machbar! Raum Köln am 31. Oktober 1999, zum Selbstkostenpreis, mailto:beratungswerk@beratungswerk.de

SONSTIGES ____

Bestellen, Abbestellen, Adreßänderung unter http://www.zeitzuleben.de/newsletter/index.html oder eine eMail an newsletter-info@zeitzuleben.de.

Bitte empfehlen Sie uns weiter. Wenn Sie Anregungen, Lob oder Kritik haben, schreiben Sie uns bitte. Unsere eMail-Adressen sind: mailto:tania.konnerth@zeitzuleben.de und mailto:ralf.senftleben@zeitzuleben.de

(c) Tania Konnerth & Ralf Senftleben GbR - Kiesselbachweg 25
22399 Hamburg - fon: (040) 608 75 408 - fax: (040) 602 99 888

```
    Alle Angaben ohne Gewähr. Jegliche Verwendung über den
    privaten Gebrauch hinaus bitte nur mit Genehmigung der
    Redaktion.

-----------------------------------------------------------
```

Abbildung 22: Zeit zu leben Newsletter – http://www.zeitzuleben.de/

Kurz und bündig – so kommen die Infos für den Praktiker mit diesem Newsletter in die Mailbox. *Akademie.de* ist eine der ersten Anlaufstellen im Netz, wenn es um Internet-Know-how geht, und diese Kompetenz wird hier vermittelt. Was wohl in der Wundertüte ist? – Das wird sich so mancher fragen und brav auf den Link zur Website klicken!

```
[...]

WEB-MARKETING
Multifunktionaler Counter
http://www.akademie.de/tips_tricks/langtext.html?id=768

   Heute wollen wir Ihnen einmal einen Counter genauer vorstellen.
   Nicht nur eine unzaehlige Auswahl an Counter-Varianten, sondern
   auch umfangreiche Statistiken bietet dieser externe Counter.
   Der Webcounter von Inline ist eine sehr gute Loesung, wenn Sie
   keinen Counter auf Ihrem Server installieren moechten.


WUNDERTueTE
Wundertuete vom 19. Oktober
http://www.akademie.de/tips_tricks/langtext.html?id=771

   Wohin nuetzliche und unterhaltsame Links in den Untiefen des
   Webs fuehren, zeigen wir auch in dieser Woche: Es ist keine
   Ente, das man mit Tools in der ersten Reihe sitzen kann und aus
   dem PC ploetzlich das Crocodile Dundee springt, weil es von
   einer Kuh auf der Tucows-Wiese gejagt wird, die sich ueber die
   neue »Rektschraipung« und zu laute Rockmusik aufgeregt hat.


KOMMUNIKATION
Echte Postkarten zum Nulltarif
http://www.akademie.de/tips_tricks/langtext.html?id=772
```

```
    Neben den elektronischen Postkarten, die man sich nur im
    Internet ansehen kann, gibt es nun auch einen Service der echte
    Postkarten kostenlos verschickt.


SICHERHEIT
Cookies 4 - Links zu weiteren Infos
http://www.akademie.de/tips_tricks/langtext.html?id=769

    In dieser Linksammlung wollen wir Ihnen die Moeglichkeit geben,
    weitere Informationen zu Cookies zu finden. Wir haben die Links
    auch kurz beschrieben, so dass Sie nicht 'blind' surfen.


SEITENBLICKE
Seitenblicke vom 21. Oktober
http://www.akademie.de/tips_tricks/langtext.html?id=773

    Heute praesentieren wir Ihnen in den Seitenblicken: den
    Bundesverband Deutscher Investment-Gesellschaften (BVI), Tools
    fuer den Palm Pilot, ein Forum fuer ColdFusion-Entwickler und
    einen Check fuer die guenstigste KFZ-Versicherung.

[...]
```

Abbildung 23: Tipps & Tricks von Akademie.de – http://www.akademie.de/

Wirklich alles *Rund ums Baby* bringt der folgende Newsletter. Vielleicht etwas zu lang geraten, aber doch sehr informativ für Eltern und alle, die es werden wollen. Der Mix ist abwechslungsreich, besonders interessant auch die Rechtstips. Ein Traffic-Builder in Reinkultur. Beachten Sie den Hinweis auf das Sponsoring!

```
================================================================

DER  RUND - UMS - BABY - NEWSLETTER   8/99  - 25.10.99  sponsored by Milupa

================================================================

Hallo,
hier ist wieder unser Newsletter mit aktuellen Tipps und News aus
Deutschland, der Schweiz, aus Österreich und aus aller Welt rund
um die Schwangerschaft, das Baby und das Kleinkind.
```

```
Viele Grüsse -

vom Rund-ums-Baby-Team :-)

================================================================

Der Überblick:

================================================================

+  +  +   SCHWANGERSCHAFT   +  +  +

- Glückliches Ende einer Schwangerschaft
- Wunder in Klagenfurt
- Neonatologie war Thema auf Fachtagung
- Niedriges Geburtsgewicht ist nicht unbedingt eine Gefahr
- Jodmangel kann Intelligenz beeinträchtigen
- Akupunktur beschleunigt den Geburtsverlauf
- Fruchtwassergeruch beruhigt Babys

+  +  +   BABYS UND KLEINKINDER   +  +  +

- Frühchen werden als schwierig empfunden
- Wirksamer Schutz vor Hepatitis ist möglich
- Hoher Blutdruck ! - Nicht wenn die Mutter stillt
- Nach wie vor: Kein Honig für Säuglinge
- Konsequente Schmerzlinderung bei kleinsten Patienten
- Vegane Ernährung für Kinder gefährlich
- Vom Umgang mit kleinen Wüterichen

+  +  +   AKTUELLES RECHT   +  +  +

- Steuerfreie Zulagen - auch bei 630-Mark-Jobs
- Hilfen bei Empfängnisunfähigkeit können außergewöhnliche
  Belastungen sein
- Höchstsatz bei Kindergartengeld ist gerechtfertigt
- Unwirksamer Haftungsausschluss bei übernommener Obhut
- Österreich: Krankenkasse muss Kosten für Medikament bei
  Endometriose übernehmen

+  +  +   NEWS VON MILUPA   +  +  +

- Herbstzeit ist auch Apfelzeit

+  +  +   NEU BEI »RUND-UMS-BABY«   +  +  +
```

```
- Rund-ums-Baby - Newsletter

==============================================================

Die Themen im Einzelnen:

==============================================================

+ + +  SCHWANGERSCHAFT  + + +

1. Glückliches Ende einer Schwangerschaft
   Als in der Nacht zum Freitag, dem 22. Oktober ein Notruf die
   Polizeiwache in Schwetzingen erreichte, ahnte die 18-jährige
   Polizistin Sabine G. noch nicht, dass sie von einem Moment zum
   anderen zur Telefon-Hebamme werden würde.
   http://www.rund-ums-baby.de/newsletter/0899_schwanger.htm#1

2. Wunder in Klagenfurt
   Im Landeskrankenhaus Klagenfurt wurde im Juni ein Baby in der
   22. Schwangerschaftswoche geboren. In der Regel sind Babys, die
   so viel zu früh geboren werden, nicht lebensfähig, doch die
   winzige Sabrina Maria belehrte die Ärzte eines Besseren.
   http://www.rund-ums-baby.de/newsletter/0899_schwanger.htm#2

[...]

+ + +  BABYS UND KLEINKINDER  + + +

1. Frühchen werden als schwierig empfunden
   schreiben Wissenschaftler der Ohio State University im jüngst
   erschienenen Journal of Developmental and Behavioral Pediatrics.
   Vorangegangen war eine Fragebogenaktion, bei der Mütter von vier
   Monate alten Babys um Einschätzung des Temperamentes ihrer Kin-
der
   gebeten wurden.
   http://www.rund-ums-baby.de/newsletter/0899_baby.htm#1

[...]

+ + +  AKTUELLES RECHT  + + +

1. Steuerfreie Zulagen - auch bei 630-Mark-Jobs
   Die Neuregelung des 630-Mark-Gesetzes hat diese Beschäftigungs-
   form für viele Arbeitnehmer unattraktiv werden lassen. Viele
   wissen jedoch nicht, dass auf ganz legale Weise, die jetzt fäl-
```

```
     ligen Abgaben ausgeglichen werden können.
     http://www.rund-ums-baby.de/newsletter/0899_recht.htm#1

2. Hilfen bei Empfängnisunfähigkeit können außergewöhnliche Belas-
     tungen sein
     Zu diesem Schluss kamen kürzlich die Richter des Bundessozial-
     gerichtes (BSG) im Falle eines Ehepaares, das wegen der Empfäng-
nis-
     unfähigkeit der Frau eine künstliche Befruchtung vornehmen ließ.
     http://www.rund-ums-baby.de/newsletter/0899_recht.htm#2

[...]

+ + +   NEWS VON MILUPA   + + +

1. Herbstzeit ist auch Apfelzeit
     Pünktlich zum Herbstbeginn gibt es jetzt für interessierte
     Teetrinker unseren Apfel-Melissen-Tee zum probieren.
     http://www.milupa.de/produkte2/getraenke.html

     Eine Gratisprobe können Sie hier anfordern:
     http://www.milupa.de/email_tee.html


+ + +   NEU BEI »RUND-UMS-BABY«   + + +

1. Rund-ums-Baby - Newsletter
     Wir möchten allen Abonnenten heute einmal ein herzliches
     Dankeschön für ihre Treue, die vielen netten e-mails und
     für die prima Tipps und Anregungen sagen ...
     http://www.rund-ums-baby.de/newsletter/0899_rundumsbaby.htm#1

[...]
```

Abbildung 24: Der Rund-ums-Baby-Newsletter – http://www.rund-ums-baby.de/

Zum Abschluß dieser Tour de Force durch die Welt der Newsletter ein humorvoller Ausschnitt aus dem *WISO-Newsletter*:

```
***********************************************************************3)
Witz der Woche:
STRENG GEHEIM
Der neue Chef will das Unternehmen gründlich reorganisieren. Es soll
schlanker und flexibler werden. Hierarchiestufen sollen abgebaut werden.
Ein Teil der Mitarbeiter soll versetzt und ein anderer entlassen werden.
Nach wochenlangen Überlegungen hat er seine Vorschläge endlich so weit
ausgearbeitet, dass sie dem Aufsichtsrat zur Genehmigung vorgelegt
werden können. Weil zu befürchten ist, dass ein vorzeitiges Bekannt-
werden zu erheblicher Unruhe im Betrieb führen kann, hält der Chef die
Mappe mit den brisanten Papieren unter strengem Verschluss.
Erst eine Stunde vor Beginn der Aufsichtsratssitzung will er für jeden
Teilnehmer der Sitzung eine Kopie erstellen - und zwar persönlich, um jedes
Risiko einer Indiskretion zu vermeiden. Da er selber noch nie
Kopien gemacht hat, steht er etwas ratlos vor dem Gerät, das in einem Nach-
barraum installiert ist. Als eine Sekretärin vorbeikommt, fragt er
sie: »Wie funktioniert denn das Ding hier?«
»Ganz einfach« sagt sie, nimmt ihm den dicken Stapel aus der Hand und
steckt ihn in die Maschine.
»Danke«, sagt er erleichtert. »Und wo hole ich nachher die Kopien raus?«
Da sieht sie ihn verdutzt an: »Wieso Kopien? Das ist der Reißwolf.«

http://www.zdf.de/ratgeber/wiso/witze/index.html
***

Senden Sie uns Ihren Wirtschaftswitz :-)
http://www.zdf.de/ratgeber/WISO/Witze/10689/index.html
Wird Ihr Witz in WISO.online veröffentlicht, erhalten Sie einen
»WISO-Geld-Tipp« (CD-ROM) kostenlos als kleines Dankeschön.
```

Abbildung 25: Witz der Woche aus dem WISO-NEWSLETTER – http://www.zdf.de/wiso

Dem Wirtschaftswitz der Woche folgt die Aufforderung an die Leser (mit Smiley!), aktiv zu werden und selbst einen Witz einzusenden. Die CD-ROM dürfte Ansporn genug sein, ist doch anzunehmen, daß sie den Geschmack der Zielgruppe dieses Newsletters genau trifft. – Dazu ein Link auf das Witze-Archiv von *WISO*, der mit Sicherheit sehr oft angeklickt wird. Ein Beispiel, wie mit einem einfachen inhaltlichen Konzept eine Rubrik mit Interaktivität ausgestattet werden kann.

Der Fuß des Newsletters

Der dritte wichtige Teil des Newsletters ist der Fuß. Dort haben folgende Newsletter-Bestandteile ihren Platz:

- das Impressum mit Angaben zum Herausgeber
- Angaben zum Copyright
- Hinweise auf An-/Abmeldung
- Bitte um Weiterempfehlung
- Bitte um Feedback mit Link zur Mail-Adresse

```
Copyright 1998, 1999 HRP GmbH Berlin, ISSN 1438-101X
http://www.akademie.de/

ARCHIV: http://www.akademie1.de/cgi-bin/lyris.pl?enter=newsboard
Um den Newsletter abzumelden schreiben Sie eine E-Mail an:
leave-newsboard-16345I@liste.akademie.de
Vielen Dank fuer Ihr Feedback an news@akademie.de
```

Abbildung 26: Fuß des NEWSBOARD NEWSLETTERS von Akademie.de – http://www.akademie.de/

Das Wichtigste in knappen Angaben – das findet man im Fuß des *Akademie*-Newsletters. Ganz das Gegenteil: *NetNite, der netNewsletter*, dessen Redakteure es ganz genau nehmen:

```
////////////////////////////////////////////////////////////////////////
> 16.          *        netNewsLetter IMPRESSUM        *
////////////////////////////////////////////////////////////////////////

++++++++++++++++++++++++++++++++++++++++++++++++++++++++++++++++++++++++
      Mitarbeiter dieser Ausgabe:
      Doris Bimmer, Tobias Steininger, Verena Forkel, Sebastian Soethe,
      Uwe Wolfrum, Henriette Zeltner, Thomas Aigner [Hrsg.]
++++++++++++++++++++++++++++++++++++++++++++++++++++++++++++++++++++++++

> Der »netNewsLetter« ist ein kostenloser Service der

      AME Aigner Media & Entertainment [r]         -> http://ame.de <-
      Truderinger Strasse 302  -  D-81825 Muenchen
      Tel: [+49] 089/42705-0 (Fax -400)
```

```
         und bietet, fuer jedermann verstaendlich, einen Internet-
         Wochenrueckblick inkl. der wichtigsten Webadressen zum aktuellen
         Weltgeschehen per eMail. Mit diesem NewsLetter sind Sie nicht nur
         in kuerzester Zeit ueber die wichtigsten Themen informiert,
         sondern erhalten zu jeder Story weiterfuehrende URLs, die Sie
         fuer Ihre eigene Recherche nutzen koennen.

         Der Abdruck ist - nur mit Quellenangabe - gestattet.
         Beispiel: <Quelle: AME-netNewsLetter>

         ****************************************************************

>>>>        Aktuelle Abonnentenzahl: 23.431 (44/99)

         ****************************************************************

>>       Der netNewsLetter koennte auch Ihre Freunde oder Kollegen
                                  interessieren -

                          EMPFEHLEN Sie uns bitte weiter.


         --------
         ** AN-MELDEN **                 -> subscribe@netNewsLetter.de <-
         --------
         Wir uebernehmen Ihre Absender-
         adresse, sofern Sie keine bevorzugte
         Adresse im Textfeld eingeben.


         --------
         ** AB-MELDEN **                ->UNsubscribe@netNewsLetter.de <-
         --------
         Beachten Sie bitte die genaue
         Schreibweise Ihrer angemeldeten
         Adresse


         ________
         ** UM-MELDEN **                    -> change@netnewsletter.de <-
         ________
         Im Falle einer _Adressaenderung_
         senden Sie uns beide Adressen


         ** Weitere Inhalte der AME
         __________________________
```

```
      Alle (185) INTERNETCAFES                   -> ame.de/news/icafe/<-
      in Deutschland

      ______________________

      Muenchner LiveCams samt                    -> www.municam.de <-
      neuer Archiv-Gallerie

      ______________________

      Die INTERNET-Story des TAGES
      taeglich neu - aus den Genios Archiven
                          -> www.bayern3.de/netradio/news/genios/ <-

      ______________________

      Gewinnspiel - Swopper, das Sitzmoebel fuer Computerfans
                   -> www.bayern3.de/netradio/sendung/gewinnspiel/ <-

      ______________________

      Surfen Sie gut!
>                                                    Copyright AME[r]

-*-end
```

Abbildung 27: Fuß des NetNite-netNewsletters – http://ame.de/

Sehr kurz gehalten auch der Fuß der *ECIN News.*

```
_______________________________________-

Ein Service vom Electronic Commerce InfoNet - www.ecin.de
Liste abonnieren: Email an newsletter-subscribe@ecin.de
Liste abzubestellen: Email an newsletter-unsubscribe@ecin.de
... oder bequem per Web-Formular unter http://www.ecin.de/ser-
vice/
```

Abbildung 28: Fuß der ECIN News – http://www.ecin.de/

Zu diesen drei Hauptbestandteilen kommen in vielen Fällen **Textanzeigen.** Wie diese gestaltet werden, erfahren Sie in einem späteren Abschnitt.

Wie Sie an den vielen Beispielen bereits gesehen haben, gibt es zahlreiche Gestaltungsmöglichkeiten, mit denen Sie Ihrem Newsletter ein Gesicht, eine ganz persönliche Note verleihen können.

Beim Newsletter im reinen Textformat können Sie mit der kreativen Gestaltung von Überschriften und »Zierleisten« jede Menge optisch interessante Details einbauen. (Zur Problematik von HTML-Newslettern kommen wir später noch ausführlich.) Bevor Sie sich jedoch dem Entwurf von

Headlines und gestalterischen Details widmen, ein paar Worte zu Zeichenformaten und Zeilenbreite.

3.4.3.2 Die Formatierung

Um nicht nur auf Ihrem Bildschirm ein schönes Erscheinungsbild Ihres Newsletters zu erzielen, sondern dieses auch auf den Monitor des Empfängers zu bringen, gilt es, einige grundlegende Dinge in bezug auf die Schriftwahl und die Zeilenbreite zu beachten.
Das Internet, sei es nun das World Wide Web oder E-Mail, zeichnet sich in gestalterischer Hinsicht vor allem durch ein Merkmal aus: Nichts ist fix. So sieht jeder Besucher Ihrer Website – je nachdem, welchen Browser er benutzt, welche Bildschirmauflösung und Bildschirmgröße er eingestellt hat, welches Betriebssystem auf seinem PC läuft oder ob er einen PC oder einen Computer von Apple benutzt – ein anderes Ergebnis. Nicht anders bei E-Mail. Unterschiedliche Mail-Programme, unterschiedliche Einstellungen, unterschiedliche Systeme führen dazu, daß man auch hier lediglich vom kleinsten gemeinsamen Nenner ausgehen kann: Der Empfänger hat eine E-Mail vor sich auf dem Bildschirm, die aus Zeilen besteht, die wiederum mit Zeichen gefüllt sind.
Sie als Gestalter dieser E-Mail können aber immerhin darauf Rücksicht nehmen, daß gewisse im Laufe der Zeit entstandene und allgemein anerkannte Standards im E-Mail-Verkehr umgesetzt werden. Sie können mit der Festlegung der richtigen Zeilenbreite und der Auswahl der geeigneten Schriftart dafür sorgen, daß der Empfänger ein perfektes Ergebnis auf seinem Bildschirm sieht.

Die Zeilenbreite

Aus historischen Gründen gibt es in der Computerwelt einen Standard, der für viele Plattformen eine maximale Zeilenbreite von 80 Zeichen festlegt. Aus diesem Grund hat sich in der E-Mail-Welt die Regel durchgesetzt, Zeilen auf eine Breite von *unter 80 Zeichen* zu formatieren. Alles, was über 80 Zeichen hinausgeht, wird automatisch in die nächste Zeile umbrochen. Da sich bei Antwortmails automatische Quote-Zeichen an den Anfang zitierter Stellen setzen, ist es aber angebracht, die Zeilenlänge in E-Mails auf 70 Zeichen, noch besser aber auf 65 Zeichen zu beschränken. So ist maximale Lesefreundlichkeit garantiert.

Der fixe Zeilenumbruch

Da nicht alle Leser Ihres Newsletters die Funktion »Zeilenumbruch« in ihrem Mail-Programm aktiviert haben oder eine Software verwenden, die diese Funktion unterstützt, empfiehlt es sich, bei der Endformatierung Ihres Newsletters **FIXE Zeilenumbrüche** einzugeben, das heißt, jede Zeile nach maximal 65 Zeichen mit einem RETURN zu beenden. So läßt sich auch die Formatierung optimieren.

Das Zeichenformat

Um den Lesern Ihres Newsletters ein optimales Ergebnis in die Mailbox zu liefern, müssen Sie einige Punkte bezüglich der Wahl der Schriftart beachten, denn diese unterliegt gewissen Beschränkungen. (Hier werden reine Text-Newsletter behandelt; die Möglichkeiten von HTML werden weiter unten besprochen.)
Jeder User kann in seinem Mail-Programm die Standardschriftart individuell festlegen. Es besteht die Wahlmöglichkeit zwischen Proportionalschriften und Nichtproportionalschriften.

> Proportionalfont Times New Roman, Schriftgröße 11 pt:
>
> ABCDEFGHIJKLMNOPQRSTUVWXYZ1234567890
>
> Nichtproportionalfont Courier, Schriftgröße 11 pt:
>
> `ABCDEFGHIJKLMNOPQRSTUVWXYZ1234567890`

Während bei Times New Roman jedes Zeichen eine individuelle Breite aufweist, nimmt bei Courier jeder Buchstabe gleich viel Platz ein.
Diese Tatsache ist von großer Bedeutung für die Formatierung Ihrer Texte: Je nachdem, welche Möglichkeit Sie wählen, wird der Empfänger entweder einen übersichtlich formatierten Text oder einen Zeichensalat auf seinem Bildschirm sehen.
Formatieren Sie Ihren Text in einer Proportionalschrift, dann werden Sie zwar ein wunderbares Ergebnis auf Ihrem Bildschirm sehen, der Empfänger, der einen anderen Proportionalfont oder eine Nichtproportionalschrift eingestellt hat, wird allerdings über das Ergebnis nicht unbedingt erfreut sein.
Zur Erstellung Ihrer E-Mails empfiehlt sich daher die Wahl einer Schriftart, bei der alle Zeichen die gleiche Breite aufweisen, also eines Nichtproportionalfonts wie Courier. Wenn Sie im Kopf Ihres Newsletters überdies

angeben, welche Schrift-Einstellung der Leser vornehmen soll, ist ein optimales Ergebnis garantiert.

Umlaute

Ursprünglich diente E-Mail dazu, einfache Textnachrichten zu übermitteln. Da dieses System in den USA entwickelt wurde, legte man dieser Technologie ASCII (American Standard Code for Information Interchange) zugrunde. Unter Anwendung des ASCII-Zeichensatzes, der aus 7-Bit-Daten besteht, können keine Umlaute und Sonderzeichen dargestellt werden. Um dieses Problem zu lösen, werden heute meist 8-bit-Codes verwendet, wie z. B. ISO-8859.
Unter Verwendung von MIME können nun auch Sonderzeichen in E-Mails verwendet werden. Dazu müssen allerdings Sender und Empfänger diese Option aktiviert haben.
Eine wichtige Frage ist nun jene, ob man in E-Mails Umlaute verwenden darf. Für den täglichen E-Mail-Verkehr mit Empfängern, von denen Sie wissen, daß sie annähernd auf demselben Stand der Technik sind bzw. auf denselben Plattformen arbeiten wie Sie, wird der Gebrauch von Umlauten kaum Probleme aufwerfen. Und wenn, werden Sie das rasch erfahren und entsprechend reagieren.
Die Formatierung von Umlauten in Newslettern, die an Hunderte, wenn nicht Tausende von Abonnenten geschickt werden, kann ich nicht uneingeschränkt empfehlen – das Risiko, Apple-User oder Anwender, die auf den unterschiedlichsten Plattformen arbeiten, zu vergraulen, ist relativ hoch.

> **→ Hinweis**
>
> Auch wenn Sie in Ihrem alltäglichen E-Mail-Verkehr im Body der E-Mails Umlaute verwenden, sollten Sie dies im Header auf jeden Fall vermeiden. Also sowohl in den Namen von Absender und Empfänger, im »Reply-to-«-Feld als auch im Betreff die Umlaute auflösen!

Formatierung von URLs und Mail-Adressen

Je nach Mailsoftware werden Internet-Adressen (URLs) und Mail-Adressen automatisch in Links umgewandelt und sind somit anklickbar.

Damit das auch wirklich funktioniert, sollten Sie aber auf jeden Fall folgende Angaben einfügen:

> Bei URLs:
>
> http://www.letterfactory.at/
>
> Bei E-Mail-Adressen:
>
> mailto:office@letterfactory.at/
>
> Beachten Sie: nach »mailto:« ist *kein Leerschritt* zu setzen.

Mit diesen Angaben ist gewährleistet, daß sich beim Anklicken eines URLs in Ihrem Newsletter in den meisten Fällen der Browser bzw. ein Mail-Fenster öffnet. (Selbstverständlich hängt das wieder von den Einstellungen beim User ab, aber bei den meisten Programmen sind diese Funktionen heute Standard.)

Zierleisten und Dekorationsmaterial für Ihren Newsletter

Den gestalterischen Möglichkeiten sind auch bei reinen Text-Newslettern kaum Grenzen gesetzt. Mit dekorativen Zeichen lassen sich Überschriften hervorheben, Absätze markieren, Aufzählungszeichen herstellen und Anzeigen vom Text abheben. Mit ein bißchen Übung werden Sie verblüffende optische Effekte erzielen. Hier einige Beispiele:

Überschriften:

```
_________________________________ INHALT ___________________________________

>*<>*<>*<>*<>*<>*<>*<>*<   Einladung   >*<>*<>*<>*<>*<>*<>*<>*<

__________________________ Neue Modelle eingetroffen!

#=#=#=#=#   Neuerscheinungen im Herbst   #=#=#=#=#
```

```
Unser Heimwerker-Workshop                               Teil 1
```

```
+/+/+/+/+//  Das Rezept der Woche  \\+\\+\\+\\+
```

```
                Sonderangebot der Woche
```

Zierleisten:

```
..............................................................

!-!-!-!-!-!-!-!-!-!-!-!-!-!-!-!-!-!-!-!-!-!-!-!-!-!-!-!-!-!-!-

>-<>-<>-<>-<>-<>-<>-<>-<>-<>-<>-<>-<>-<>-<>-<>-<>-<>-<>-<>-<>-

:-:-:-:-:-:-:-:-:-:-:-:-:-:-:-:-:-:-:-:-:-:-:-:-:-:-:-:-:-:-:-

-o-o-o-o-o-o-o-o-o-o-o-o-o-o-o-o-o-o-o-o-o-o-o-o-o-o-o-o-o-o-o

%%%-%%%-%%%-%%%-%%%-%%%-%%%-%%%-%%%-%%%-%%%-%%%-%%%-%%%-%%%-%%

§§..§§..§§..§§..§§..§§..§§..§§..§§..§§..§§..§§..§§..§§..§§..§§

___ ___ ___ ___ ___ ___ ___ ___ ___ ___ ___ ___ ___ ___ ___ __

*** *** *** *** *** *** *** *** *** *** *** *** *** *** *** **

~~0~~0~~0~~0~~0~~0~~0~~0~~0~~0~~0~~0~~0~~0~~0~~0~~0~~0~~0~~0~~

>>-----------------------------------------------------------<<

;;;;;;;;;;;;;;;;;;;;;;;;;;;;;;;;;;;;;;;;;;;;;;;;;;;;;;;;;;;;;;
```

3.5 Ressourcenplanung

Sie haben nun zahlreiche Beispiele von Newslettern gesehen, und Sie haben einen Eindruck von den inhaltlichen und gestalterischen Möglichkeiten gewonnen.
An diesem Punkt sollten Sie überlegen, welche zeitlichen und finanziellen Ressourcen Ihnen zur Verfügung stehen, um Ihr Vorhaben zu verwirklichen. Die folgende Checkliste bietet ein paar Anhaltspunkte, wie Sie die Ihnen zur Verfügung stehenden Mittel realistisch einschätzen können. Folgende Teilaspekte der Produktion sollten Sie in Ihre Planung einbeziehen:

- Recherche und Zusammenstellung der Themen
- Verfassen der Texte
- Korrektur
- Formatierung/Layout
- Versand
- Bearbeitung von Feedback

Um zu einer Einschätzung des Aufwandes zu finden, sollten Sie bei der Erstellung Ihres ersten Newsletters Aufzeichnungen machen, wie lange die einzelnen Tätigkeiten dauern. Damit haben Sie einen ersten Anhaltspunkt, wie aufwendig die Produktion sein wird.
Da Sie das Layout beim ersten Mal mehr oder weniger fix festlegen werden, kann diese Aufgabe für die weiteren Ausgaben schon mit einer viel kürzeren Zeitdauer veranschlagt werden. Für Nachformatierung und den einen oder anderen Test sollten Sie aber auf jeden Fall ausreichend Zeit einplanen.

Checkliste: Ressourcenplanung

Personalaufwand

- Ich werde den Newsletter vollständig allein betreuen.
- Ein Mitarbeiter/Familienmitglied wird mir helfen –
  - bei der Recherche
  - beim Texten
  - bei der Korrektur
  - bei der Endfertigung/Formatierung

- beim Versand
- bei der Bearbeitung des Feedbacks

- Ein Mitarbeiter wird die gesamte Betreuung übernehmen.
- Es gibt im Unternehmen bereits ein gedrucktes Kundenmagazin, einen Newsletter, diese Abteilung wird auch den E-Mail-Newsletter herstellen.
- Ein spezielles Unternehmen wird die Erstellung komplett oder in Teilbereichen für mich übernehmen.

____

____

____

____

Zeitaufwand

Wieviel Zeit können Sie/kann Ihr Mitarbeiter für die Herstellung eines Newsletters aufbringen?

- __ Stunde(n) pro Woche
- Soviel Zeit, wie eben nötig ist

Finanzieller Aufwand

(Achtung, hier ist lediglich der finanzielle Aufwand für die Erstellung des Newsletters gemeint; Kosten für Software und technische Wartung sind gesondert zu betrachten!)

- Ich habe kein Budget vorgesehen.
- Ich kann __ Prozent meines Marketingbudgets aufwenden.
- Ich werde nach einer Testphase eine Kalkulation für die Kosten des laufenden Betriebes vornehmen.

____

____

____

____

3.5.1 Erscheinungsweise

Von den Überlegungen zu den Ihnen zur Verfügung stehenden Ressourcen wird es abhängen, wie oft Ihre E-Mail-Publikation erscheinen wird.
Sie können Ihren Newsletter täglich, wöchentlich, vierzehntätig oder monatlich erscheinen lassen. Welche Form Sie wählen, wird von der Menge der Ihnen zur Verfügung stehenden Ressourcen und den Inhalten abhängen.

Täglich

Diese Erscheinungsweise wird üblicherweise von reinen News-Diensten gewählt, die aktuelle Meldungen und Teaser versenden. Diese versenden unter Umständen auch mehrmals täglich Einzelmeldungen. Für Sie wird diese Form nur in Ausnahmefällen von Bedeutung sein.
Bei täglicher Erscheinungsweise sollten Sie in Erwägung ziehen, ob Sie dem Abonnenten nicht einige Alternativen zum Zeitpunkt des Versandes (morgens, mittags, abends) und die Möglichkeit des wöchentlichen Bezugs aller Tages-Aussendungen anbieten könnten.

Wöchentlich

Ein wöchentlich erscheinender Newsletter eignet sich für eine Kombination aus aktuellen Nachrichten und Maßnahmen zur Kundenbindung. Sie sollten diesen Newsletter immer am selben Wochentag ausschicken. Welcher das ist, kommt nun wieder ganz auf Ihre Zielgruppe an. Wenn Sie sich an Mitarbeiter in Unternehmen wenden, sollten Sie die Post eher zur Wochenmitte hin ausschicken, denn montags ist meist viel abzuarbeiten und zu erledigen. Sprechen Sie vermehrt Privatpersonen an, so werden sich der Donnerstag oder der Freitag gut eignen - dann kommen Ihre Tips zur Weekend-Gestaltung vielleicht gerade richtig, oder der Einkaufsgutschein animiert dazu, am Samstagvormittag in Ihrem Geschäft vorbeizuschauen.

Vierzehntägig

Hier gilt im Prinzip dasselbe wie bei der wöchentlichen Erscheinungsweise, allerdings müssen Sie achtgeben, daß die News, die Sie versenden, nicht schon veraltet sind.

Monatlich

Eine monatliche Erscheinungsweise wird man dann wählen, wenn man ausführlichere Beiträge bringen möchte und weniger Wert auf News legt. Hier kann man auch eine Terminübersicht mit langfristigem Charakter mitschicken.

Unregelmäßige Erscheinungsweise

Diese Möglichkeit ist nur dann zu empfehlen, wenn Sie zum Beispiel über Neuerungen auf Ihrer Website berichten, die Sie eben unregelmäßig vornehmen. Die Gefahr, daß die Empfänger sich nicht mehr daran erinnern, den Newsletter je abonniert zu haben, ist groß.

3.5.2 Umfang

Eine generelle Aussage über den Umfang eines E-Mail-Newsletters kann nicht getätigt werden. Wie Sie an den Beispielen auf den Seiten 89 bis 108 sehen konnten, kommt es ganz auf den Inhalt und die Struktur des Newsletters an, ob er für den Leser attraktiv ist. Auch wird es von der Art Ihres Newsletters abhängen, wie umfangreich die einzelnen Beiträge ausfallen werden. Je nach Art des Angebotes wird allerdings ein täglich erscheinender Newsletter kürzere Beiträge anbieten, ein monatlich publiziertes Angebot wird ausführlichere Artikel enthalten.

3.6 Textanzeigen im Newsletter

Newsletter sind nicht nur dazu geeignet, Ihre eigenen Produkte und Dienstleistungen vorzustellen, Sie können natürlich auch Werbung in Ihren Newsletter aufnehmen bzw. selbst in anderen Newslettern Anzeigen schalten. Diese Werbeform ist – wie der gesamte Bereich des E-Mail-Marketing – im deutschsprachigen Raum noch relativ wenig genützt, sie birgt aber vielfältige Möglichkeiten.
Anzeigen in Newslettern sind im Prinzip mit Bannerwerbung im Internet zu vergleichen, sie unterscheiden sich aber in wichtigen Punkten wesentlich von Bannern.

Anzeigen in Newslettern sind:

- kostengünstiger
- vielfach informativer und
- oft wirkungsvoller

als Bannerwerbung im World Wide Web.

Kosten

Newsletter-Werbung ist aufgrund der kleineren zu buchenden Einheiten viel kostengünstiger als Bannerwerbung im Web. So beträgt der Tausend-Kontakt-Preis (TKP) bei Bannerwerbung zwischen 30,- und 40,- DM auf Suchmaschinen, im redaktionellen Umfeld zwischen 50,- und 70,- DM, bei Premiumangeboten 100,- DM und mehr.
Bannerplätze können aber üblicherweise nur in sehr großen Kontingenten gebucht werden. Zur Erstellung wirkungsvoller Banner ist überdies die Arbeit eines Grafikers vonnöten.
Für Newsletterwerbung wird üblicherweise ein auflagenabhängiger Pauschaltarif veranschlagt, der zwar einen ähnlichen TKP wie bei Bannerwerbung ergibt, die Kosten bleiben aufgrund der viel geringeren Auflage aber in einem überschaubaren Rahmen.

Information

Die Möglichkeiten, mit Textanzeigen in Newslettern Informationen zu transportieren, sind vielfältig. Wo ein Banner lediglich ein Eye-Catcher sein kann, der maximal einen kurzen Slogan vermittelt oder einen visuellen Eindruck hinterläßt, kann eine kurze Textanzeige von mehreren Zeilen erheblich mehr an Information über ein Produkt oder eine Dienstleistung vermitteln.

Wirkung

Dazu kommt auch noch die wesentlich bessere Zielgruppenorientierung: Da der Newsletter von Interessenten aktiv abonniert wird, ist auch die Bereitschaft höher, sich intensiver mit der Anzeige zu befassen.
Während bei Bannerwerbung sehr hohe Streuverluste entstehen, sind diese bei Newsletterwerbung kaum zu befürchten. So ist die Klickrate bei Textanzeigen in Newslettern in der Regel höher als bei Bannerwerbung. Der Grund dafür ist rasch erklärt: E-Mail wird meist am Beginn einer Onli-

ne-Session abgefragt, erst danach wechselt der User ins Internet (oder er geht wieder offline).
Auf diese Weise kann E-Mail sogar zum »Portal« für den Interneteinstieg werden. Diese Funktion, die E-Mail-Newsletter ausfüllen, wird vielfach noch zu wenig beachtet, und so spielt diese Art der Publikation eine geringe bis gar keine Rolle in den Mediaplänen. – Ein Umdenken zeichnet sich allerdings bereits ab, was sich an der Entstehung von Online-Dienstleistungen ablesen läßt, in deren Mittelpunkt das E-Mail-Marketing steht.
Die Wirkung von Newsletter-Werbung ist also zum einen durch die erhöhte Aufmerksamkeit gewährleistet; wiederholtes Versenden wirkt verstärkend.

Die Nachteile von Textanzeigen in Newslettern im Vergleich zu Bannerwerbung sind:

- geringere Reichweite
- Beschränkung auf Text
- keine gesicherten Bezieherzahlen

Reichweite

Im Vergleich zu Werbebanners auf Websites erreichen Textanzeigen in E-Mail-Newslettern wesentlich weniger Adressaten. Während große Portalsites Millionen von Sichtkontakten mit dem Banner ermöglichen, wird ein Newsletter in unseren Breiten kaum über eine fünfstellige »Besucherzahl« hinauskommen – die meisten Angebote werden im vierstelligen Bereich bleiben. Die geringere Reichweite wird aber auf jeden Fall durch das aktive Interesse der Bezieher zu einem Teil ausgeglichen.

»Nur« Text

Bei Newslettern im Textformat sind die Möglichkeiten der Gestaltung der Anzeigen natürlich beschränkt.

Bezieherzahlen

Im Gegensatz zur »Auflagenkontrolle« im WWW – der *IVW* in Deutschland (Informationsgemeinschaft zur Feststellung von der Verbreitung von Werbeträgern – http://www.ivw.de/) oder der *ÖWA* in Österreich (Österreichische Web-Analyse – http://www.oewa.at/) –, der jene Webangebote, die sich in die Liste aufnehmen lassen, unterliegen, herrscht im Bereich Newsletter und Mailinglisten bislang das »Prinzip Vertrauen«. Das heißt, man muß den Angaben des Listenbetreibers glauben und hat keine Möglichkeit, diese nach allgemein anerkannten Kriterien nachzuprüfen. – Dieses Manko wird allerdings durch die im Gegensatz zu Bannerwerbung viel geringeren Kosten teilweise ausgeglichen.

Die Gestaltung von Textanzeigen

Es haben sich einige Formen des Anzeigen-»Designs« herausgebildet, die sich als praktikabel erweisen:

- zwei- oder mehrzeilige Anzeigen
- Advertorials
- »Gastbeiträge«

Zwei- oder mehrzeilige Anzeigen

Zweizeilige Anzeigen ähneln Bannerwerbungen im Web. Sie können nicht viele Informationen transportieren und sind im Grunde nur als Anreiz zu sehen, auf den integrierten URL zu klicken.

```
_______________ANZEIGE______________
Gute Fahrt mit Mobilo-Autovermietung
       <http://www.mobilo.xx/>
```

Bei mehrzeiligen Anzeigen bieten sich schon mehr Möglichkeiten der Gestaltung. In der Überschrift kann der »Köder« ausgelegt werden, der im Textkörper oder Body ausführlicher dargestellt wird. Die Kontaktinfo kann hier ebenfalls ausführlicher ausfallen als bei der zweizeiligen Anzeige.

```
Anzeige________________________________________________________
Denken Sie heute schon am morgen?
Dann sollten Sie sich mit unseren attraktiven Angeboten für
eine glückliche Zukunft näher vertraut machen!
Wo Sie uns finden?
Klicken Sie hier! ------------->>http://www.zukunftsfroh.xx/
_____ZUKUNFTSFROH VERSICHERUNGS AG_____________________________
```

Advertorials

Mit dieser Werbeform kann ein Produkt oder eine Dienstleistung ausführlicher beschrieben werden. Es ist häufig im Stil des Newsletters verfaßt, muß aber als Werbung gekennzeichnet werden.

Gastbeiträge

Eine interessante Form des Newsletter-Marketings können Gastbeiträge darstellen. Sie bestehen aus einem längeren Text, der mit einer ausführlichen Signatur versehen wird.
Diese Form des Marketings könnte zum Beispiel im Austausch mit anderen Newslettern eingesetzt werden. So könnten Sie als Fachmann auf Ihrem Gebiet regelmäßig eine Rubrik in einem Newsletter eines anderen Anbieters gestalten und ans Ende Ihres Beitrags Angaben zu Ihrem Produkt und die Internet-Adresse Ihrer Website stellen. Ebenso können Sie solche Beiträge von Fachkollegen oder Lieferanten in Ihren Newsletter aufnehmen.

→ Tip

Wenn Sie sich näher über Textanzeigen in Newslettern und ihre professionelle Gestaltung informieren wollen, empfehle ich Ihnen folgende Websites:

Klaus Arnhold PR
http://www.klaus-arnhold.de/

E-Mail-Tips für das Marketing
http://www.liedke.com/

Weiters finden Sie in den Newslettern von *Akademie.de* nicht nur die inhaltliche, sondern auch die formale Umsetzung neuester Trends im Bereich Newsletter. Und auch auf der Website werden jede Menge Tips und Tricks zu diesem und verwandten Themen geboten.

Akademie.de

http://www.akademie.de/

3.7 Marketing für Ihren Newsletter

Der schönste Newsletter wird seinen Nutzen nicht erfüllen, wenn er nicht gelesen wird. Daher sollten Sie sich rechtzeitig Gedanken über die Gewinnung von Abonnenten machen.
Im Zuge der Ausführungen zum Thema Newsletter haben wir die meisten Formen der Leseransprache und -gewinnung schon kurz erwähnt. Hier noch einmal zusammengefaßt, was Sie für die Verbreitung Ihrer Botschaft tun können:

Bewerbung auf der Homepage

Plazieren Sie eine auffällig gestaltete Aufforderung auf Ihrer Homepage, am besten mit einem Eingabefenster für die E-Mail-Adresse. Wenn es das Design Ihrer Website erlaubt, können Sie dieses Eingabefenster auf jeder Unterseite anbringen, eventuell im Navigationsframe.

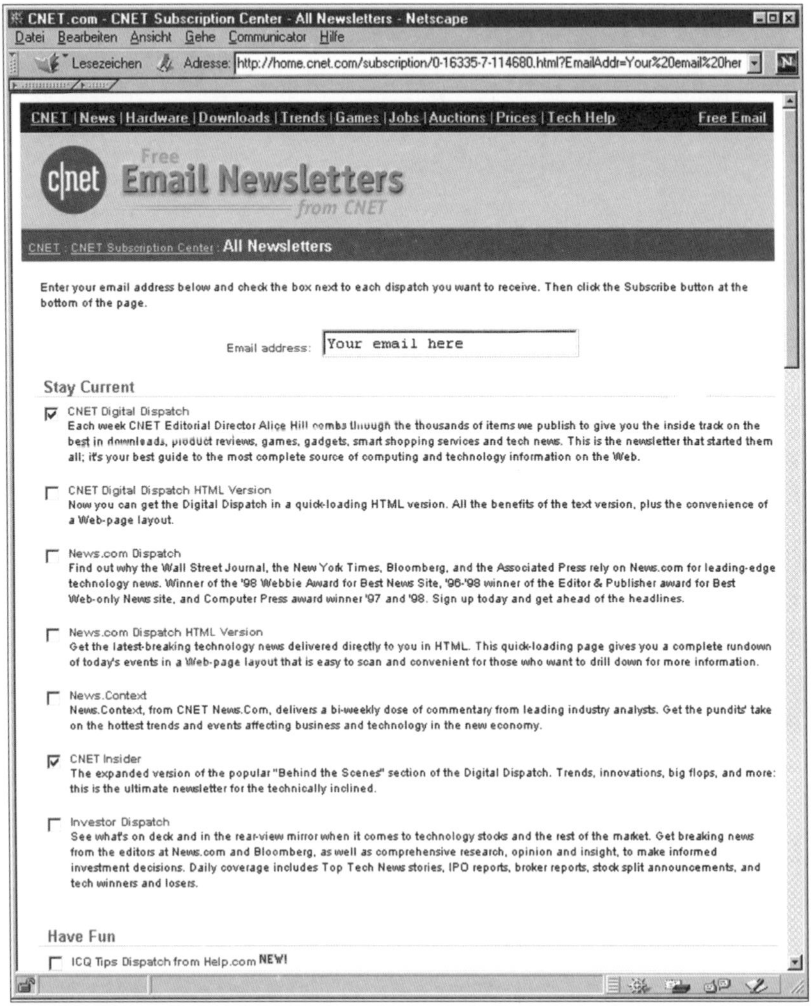

Abbildung 29: Newsletter»zentrum« bei CNET – so umfangreich wird Ihr Anmeldeformular wohl nicht ausfallen! – http://www.cnet.com/

Eintragung in Mailinglisten-Verzeichnissen und Suchmaschinen

Tragen Sie Ihren Newsletter in Verzeichnisse und Suchmaschinen ein. Die Verzeichnisse bieten üblicherweise eine komfortable Möglichkeit zur Eintragung an. Einige der wichtigsten Verzeichnisse werden auf Seite 140 sowie im Linkverzeichnis ab Seite 211 genannt.

Werbung in anderen Newslettern

Sie können selbstverständlich auch in anderen Newslettern Anzeigen schalten. Eine Möglichkeit wäre hier, in Form eines »Anzeigentausches« – ähnlich wie beim Bannertausch – gegenseitig Anzeigen zu schalten.

Gastbeiträge in anderen Newslettern

Eine etwas aufwendigere Form der Werbung für Ihren Newsletter wäre ein Gastbeitrag mit Signatur in einem anderen Newsletter. Auch hier könnte in Form eines Inhalte-Austausches mit einem anderen Listenautor zusammengearbeitet werden.

Texten für Online-Medien

Das Verfassen von Texten in Online-Medien erfordert im Grunde keine anderen Kenntnisse als das Texten allgemein, es ist jedoch im World Wide Web und bei E-Mail ungleich wichtiger, diese Kenntnisse auch wirklich *umzusetzen.* User sind ungeduldig. Die Gebühren laufen, während sie sich auf Ihrer Website bewegen. Und auch, wenn Ihr E-Mail-Newsletter offline gelesen wird, er wird mit ziemlicher Sicherheit am Bildschirm gelesen. Lesefreundlichkeit ist also das oberste Gebot. Wenn Sie die folgenden Punkte beachten, werden Sie optimale Online-Texte verfassen:

Entwickeln Sie eine klare Struktur für Ihren Newsletter: Wer Ihren Newsletter erhält, sollte sich bereits bei einem flüchtigen Blick auf die Betreffzeile erinnern, daß er in Ihrer E-Mail Interessantes vorfindet. Und wenn er die Mail öffnet, sollte er Struktur und Form wiedererkennen. Das erleichtert ihm die Orientierung und fördert gleichzeitig die Bindung an Ihr Angebot.

»Keep it short and simple« – »halte dich kurz und drücke dich verständlich aus«: Dieser Grundsatz ist gerade beim Texten für das Web und damit auch für die Beiträge in Ihrem Newsletter von essentieller Bedeutung. Sie müssen Ihre Botschaft rasch an den Mann und an die Frau bringen, und das gelingt mit kurzen, prägnanten Sätzen und klar gegliederten Absätzen.

Fügen Sie Überschriften und Zwischenüberschriften ein: So können sich auch Leser, die den Text nur überfliegen, rasch orientieren. Die Überschriften können überdies typografisch hervorgehoben werden.

Gliedern Sie Ihren Text in ansprechende Textblöcke und Absätze, deren Inhalt auch beim flüchtigen Lesen erfaßt werden kann.

Lesefreundlich sind Sätze mit weniger als 20 Wörtern. Wechseln Sie zwischen kurzen und längeren Sätzen ab. Trennen Sie Wörter, die zusammengehören, nach Möglichkeit nicht voneinander.

Verwenden Sie möglichst viele kurze Wörter mit höchstens drei Silben.

Sprechen Sie Ihre Leser direkt an: Das Internet ist ein interaktives Medium. Fordern Sie Ihre Leser zur Aktion auf, sie sollen schließlich weiterlesen, klicken, mehr Infomationen anfordern, eine E-Mail schikken ...

Machen Sie Ihre Leser neugierig: Reißen Sie Themen an, die Sie auf Ihrer Homepage weiterführen; regen Sie Ihre Leser an, mehr Informationen anzufordern (Autoresponder!).

Und last, but not least: Achten Sie auf korrekte Orthographie, Grammatik, Interpunktion und Formatierung. Rechtschreibfehler wirken immer unprofessionell und erwecken den Eindruck von mangelnder Sorgfalt. Wenn Sie selbst nicht sicher in Rechtschreibung und Grammatik sind, lassen Sie Ihre Texte redigieren und vor dem Versand auch auf Formatierfehler überprüfen.

3.8 Checkliste: Vor dem Versand

Bevor Sie Ihren Newsletter aussenden, sollten Sie überprüfen, ob Sie alle wesentlichen Punkte beachtet haben:

E-Mail-Technisches:

- Stimmt die Mail-Adresse im An-Feld?
- Stimmt die Mail-Adresse im Reply-Feld (Antworten-Feld)?
- Ist die korrekte Zeichenkodierung gewählt?

Betreff:

- Steht in der Betreffzeile der richtige Text?

Kopf:

Sind alle notwendigen Angaben vorhanden?

- der Namen des Newsletters, eventuell eine Kurzbeschreibung des Inhalts
- die Nummer der Ausgabe
- das Erscheinungsdatum
- die ISSN, falls vorhanden
- der URL der Website des Herausgebers
- eventuell eine E-Mail-Adresse zur Kontaktaufnahme
- ein Hinweis, wie man sich aus der Empfängerliste austrägt bzw. wo diese Information zu finden ist
- eventuell ein Hinweis, wie viele Abonnenten den Newsletter beziehen
- eventuell ein Hinweis auf die Einstellung der Zeilenbreite

Body/Textkörper:

- Haben Sie bei der Erstellung die richtige Schriftart ausgewählt (empfohlen: Courier 10 bis 12 Punkt) und eventuell einen Hinweis auf die optimalen Einstellungen im Kopf Ihres Newsletters angebracht?
- Stimmt die Zeilenlänge (max. 65 Zeichen)?
- Haben Sie die Zeilenumbrüche sicherheitshalber händisch vorgenommen (Returns)?
- Ist das Inhaltsverzeichnis korrekt?
- Stimmt die Gliederung?

- Sind Mail-Adressen und URLs richtig formatiert?
  - URLs mit »http://«
  - Mail-Adressen mit »mailto:«
- Funktionieren alle URLs?
- Habe ich den Text korrekturlesen lassen oder selbst genau korrekturgelesen?

Fuß:

- Sind die Angaben im Impressum richtig?
- Wurde die Vorgangsweise zum Bestellen/Abbestellen des Newsletters richtig beschrieben?
- Ist eine Kontaktadresse für Feedback vorhanden?
- Ist eine Bitte um Weiterempfehlung vorhanden?

Senden Sie den Newsletter zuerst an sich selbst, bevor Sie ihn in den Verteiler schicken. So können Sie das Ergebnis auch aus Empfängerseite in Augenschein nehmen und eventuell vorhandene Fehler ausbessern.

3.9 HTML-Newsletter

Sie können Ihren Newsletter nicht nur als E-Mail im ASCII-Format versenden, sondern auch in Form eines Dokumentes, das mit HTML, Hypertext Markup Language, erstellt wurde. Diese »Markierungssprache« oder »Seitenbeschreibungssprache« wird unter anderem dazu verwendet, Webseiten zu gestalten. Mit HTML werden der logische Aufbau und das Layout der Seiten bestimmt. Die Erstellung erfolgt auf Textbasis mit Hilfe sogenannter »Tags«. Diese Befehle, die in spitzen Klammern stehen, geben dem Browser an, wie er die Webseiten anzeigen soll.
Es stehen heute zahlreiche Programme zur bequemen Erstellung von HTML-Dateien, sogenannte HTML-Editoren, zur Verfügung, und viele der heute verwendeten Mail-Clients sind in der Lage, Text mit HTML zu formatieren.
Die Gegenüberstellung der Textversion und der HTML-Version eines Newsletters zeigt auf den ersten Blick, worin die Unterschiede liegen:

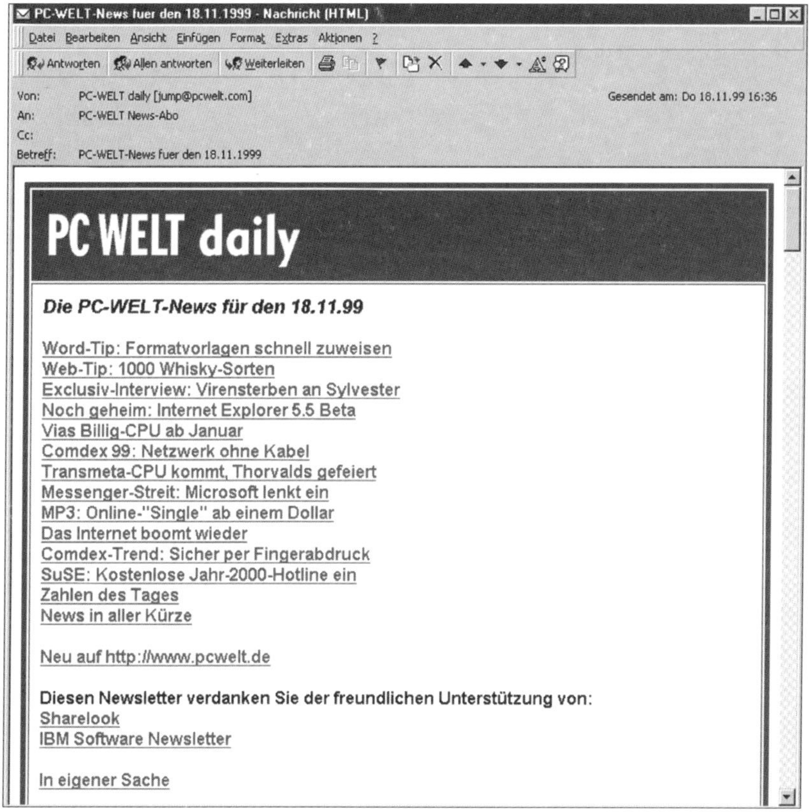

Abbildung 30: Der Newsletter PC-Welt Daily – im HTML-Format – http://www.pcwelt.de/

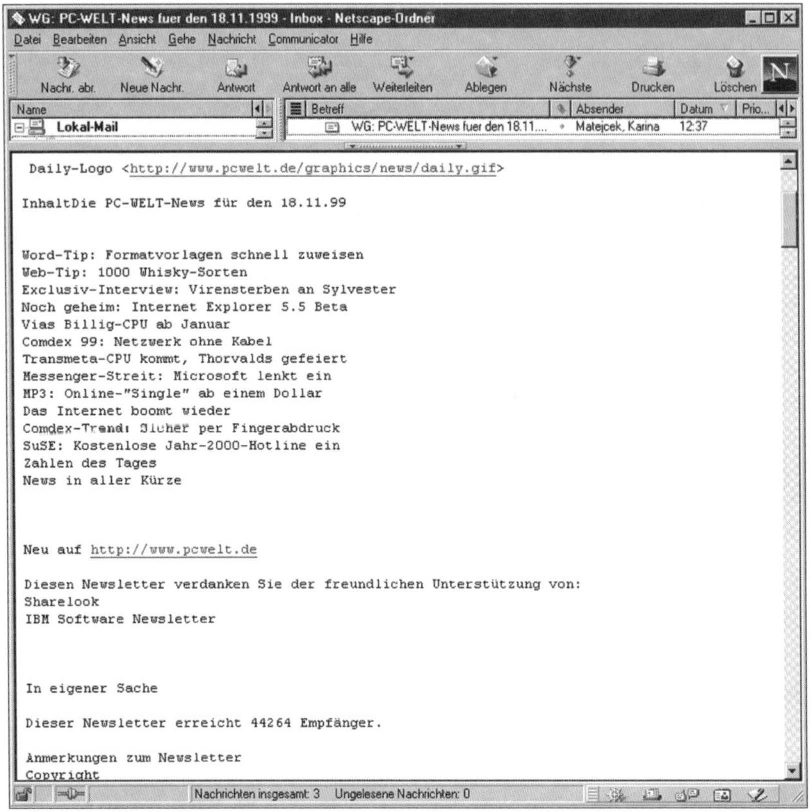

Abbildung 31: Der Newsletter PC-Welt Daily – im Text-Format – http://www.pcwelt.de/

Sie sehen, die beiden Versionen unterscheiden sich grundlegend in ihrem äußeren Erscheinungsbild. Und vielen mag das HTML-Format nun als ideal erscheinen, ihre Botschaft zu vermitteln.

Was für HTML zur Gestaltung von Newslettern spricht:

- Umfangreiche Designmöglichkeiten erlauben die Einbindung von Logos (Corporate Identity – CI), Grafiken und Fotos.
- Innerhalb des Newsletters kann wie auf einer Webseite navigiert werden (Links).

- Es können interaktive Elemente eingesetzt werden, z. B. Javascripts, über die verschiedene Aktionen auch offline ausgeführt werden können (kleine Spiele, Berechnungs-Tools etc.)
- Links und Mail-Adressen können elegant »hinter« dem jeweiligen Begriff versteckt werden.
- Der Newsletter kann dasselbe Erscheinungsbild wie Ihre Homepage aufweisen.

Doch bevor Sie nun fröhlich an die Erstellung eines HTML-Newsletters schreiten, möchte ich Sie auf jene Probleme hinweisen, die HTML in E-Mails mit sich bringt.

Was gegen HTML zur Gestaltung von Newslettern spricht:

- Ein HTML-Newsletter verursacht eine längere Downloadzeit. Ein umfangreiches Exemplar mit Bildern und Grafiken kann leicht mehrere 100 KB umfassen.
- Die Erstellung ist bei weitem nicht so einfach wie bei einem Textnewsletter. HTML-Grundkenntnisse sind auf jeden Fall erforderlich, um den Feinschliff durchzuführen.
- Jedes HTML-fähige Mail-Programm interpretiert die HTML-Anweisungen anders. Wie beim Programmieren von Websites, wo Browser-Tests unerläßlich sind, müßten Sie auch Mail-Client-Tests durchführen, um zu einem optimalen Ergebnis zu finden (Schriftgröße, Schriftart).
- Es ist nicht garantiert, daß jeder Empfänger das HTML-Produkt in seinem Mailpogramm lesen kann. Dies kann mehrere Gründe haben: Entweder hat der Empfänger die HTML-Option deaktiviert, oder er verwendet ein Programm, das HTML nicht interpretieren kann.
- Es kann zu Konflikten mit der Mailinglisten-Software kommen.

Bei näherer Beschäftigung mit dieser Thematik werden Sie unweigerlich auf die darüber geführten Diskussionen aufmerksam werden. Aufgrund der derzeitigen Trends ist allerdings abzusehen, daß sich HTML hier immer mehr durchsetzen wird, auch wenn Text-Newsletter in den meisten Fällen die weitaus zweckmäßigere Lösung sind.
Sollten Sie sich für die Herstellung eines HTML-Newsletters entscheiden, bedenken Sie, daß Sie damit eine große Gruppe von potentiellen Lesern ausschließen. Dieses Problem können Sie umgehen, indem Sie beide Versionen anbieten.

3.10 Newsletter im PDF-Format

Eine weitere Form des Versandes soll hier nicht unerwähnt bleiben, wenngleich sie nur entfernt dem Prinzip des E-Mail-Newsletters entspricht. So können auf Desktop-Publishing-Systemen oder in *WinWord* und ähnlichen Textverarbeitungsprogrammen erzeugte Dokumente mittels spezieller Software in das Format »PDF« - Portable Document Format - von *Adobe* verwandelt werden. Das Original-Erscheinungsbild bleibt dabei erhalten. Solche Dokumente werden zum Beispiel häufig in Websites integriert, wo sie per Mausklick mit dem »Acrobat Reader« von *Adobe* (http://www.adobe.de/) geöffnet werden können, den man sich zu diesem Zweck installieren muß. Auf diese Weise werden unter anderem Studien und Geschäftsberichte online präsentiert.

Diese PDF-Dokumente können allerdings auch als Attachements in E-Mails versendet werden, und vermehrt findet man die Möglichkeit vor, Newsletter in Form von PFD-Dokumenten zu abonnieren.

Der Vorteil dieser Methode ist der, daß bislang nur in Print vorhandene Materialien einfach über E-Mail verschickt werden können, das Erscheinungsbild aber trotzdem erhalten bleibt.

Der gravierende Nachteil ist jedoch die im Vergleich zu Text-E-Mails extrem hohe Datenmenge. So kann ein zehnseitiges PDF-Dokument gut und gerne eine Dateigröße von mehreren hundert Kilobyte bis mehrere Megabyte erreichen, was zu minutenlangen Downloads führt.

Wenn Sie diese Methode für den Versand Ihres Newsletters in Erwägung ziehen, sollten Sie den User auf jeden Fall darauf hinweisen, wie groß die E-Mails sein werden, die er zu erwarten hat.

www.popnet.de/deconomy

Ausgabe 11/99

PopNet **dEconomy Infoletter**

Die Themen der Digitalen Wirtschaft

EDITORIAL

Web.Business next level

Eigentlich erzähle ich die Geschichte immer wieder gern. Die, wie wir Mitte 1995 in der Wohnküche des PopNet-Gesellschafters Thomas Spar mitten auf dem Hamburger Kiez die ersten Meetings abhielten, erste Konzepte verfassten, Aufträge akquirierten und abwickelten. Als Equipment diente uns ein kleines Powerbook, ein Laserdrucker und ein gemietetes Telekom-Telefon. Doch das reichte nur die ersten drei Tage. Sie wissen: Die Historien der Internet-Companies sind gespickt mit diesen Garagen-Anekdoten. Und wo sie fehlen, wird auch gern nachgeholfen. Doch in diesem Fall kann ich Authenzität reklamieren.

Vier Jahre später treffen sich im Alten Rathaus der Hansestadt rund 160 PopNet-Mitarbeiter, um die Geburt des kleinen PopNet-Konzerns zu feiern. Denn die Gruppe besteht jetzt aus drei Unternehmen, die über eine Holding verbunden sind. Gemeinsames Ziel: Das Internet – ein noch etwas kompliziertes Medium mit viel Potential – einfacher und bequemer zu machen.

Damit das funktioniert, gilt künftig folgende Arbeitsteilung: PopNet Kommunikation (110 Mitarb., Sitz auf Kampnagel) arbeitet auch weiterhin im Kundenauftrag an Internet-Kommunikations- und eCommerce-Lösungen. PopNet Agentscape (25 Mitarb., Sitz in Ahrensburg) entwickelt personalisierbare und lernfähige Agenten-Software-Programme, die dem Benutzer viel Sucherei und Arbeit abnehmen sollen. Das dritte Unternehmen, PopNet Cross-Media GmbH (20 Mitarb., Sitz in Hamburg-Barmbek), entwickelt das erste Verbundmedium für eCommerce: einen gedruckten Online-Shopping-Guide mit neuartigem Shopping-Portal (siehe Seite 3). Damit deckt die PopNet-Gruppe die gesamte Wertschöpfungskette beim Benutzen des Internets ab und ist gut für das kommende Zeitalter des Web-Business aufgestellt.

In der Küche sitzen wir übrigens noch immer gern. Doch die hat mittlerweile die Form einer Cafeteria im obersten Stock der Büroräume im Medienpark Kampnagel angenommen. Viel Spaß beim Lesen wünscht

Olaf Deininger
Redaktionsleiter, Mail: o.deininger@popnet.de

INHALT

INTERNET-UPDATE

Partnerprogramme steigern Besuche und Umsatz

Anzahl deutscher Domains (.de)	**10/99: 1 Mio.** (05/99: 500.000)
Datenschutz und Online-Handel	**85 %** der User haben Bedenken
Online-Nutzung in Europa	**41 % privat** (35,5 % vom Arbeitsplatz)
Durchschnittliche Online-Nutzungszeit	**2,4 Std./Woche** in Europa (5,3 in USA)
Umsatz-Verlust durch Shopping-Abbruch	**6 Mrd. US-Dollar 1998**
Wartezeit der Internet-Anwender	**2,5 Mrd. Std. 1998**
Empfehlungen für Sitebesuche	**1. Yahoo!** (43,5 %); **2. Altavista** (10,5 %)
Anzahl der Telearbeiter in Deutschland	**2,1 Mio.** (Europa: 9 Mio.)
AOL Chat mit Musik-Star Britney Spears	**234.000** Teilnehmer

Perspektiven

Im dritten Quartal 1999 führte bereits einer von 50 Klicks bei Partnersites zu einem Verkauf. 1998 waren es noch 180. Zudem steigt die Kundenbindung: Einer von sieben Besuchern kauft erneut ein.

User stehen One-to-One-Marketing zunehmend aufgeschlossen gegenüber: 60 % der US- und 40 % der deutschen Internet-Nutzer haben keine Vorbehalte gegenüber zielgruppenspezifischer Werbung.

Online-Shopping-Umsätze steigen rasant: 1999 werden in Amerika 20,5 Mrd $ erzielt, in Europa 5,4 Mrd. 2003 bereits 147 Mrd./USA und 115 Mrd./Europa.

Abbildung 32: Ein Dokument im PDF-Format, geöffnet mit dem Acrobat Reader – http://www.popnet.de/

3.11 Ausblick: Newsletter und Content-Management-Systeme

Mit zunehmender Komplexität von Websites und der ständig wachsenden Fülle von Informationen, die aktualisiert und gewartet werden müssen, kommt den sogenannten Content-Management-Systemen (CMS) eine immer größere Bedeutung zu. Der Begriff »Content« beschreibt dabei alle redaktionellen Inhalte einer Website – aber auch anderer Formen der Veröffentlichung – das heißt Texte, Bilder, Grafiken, aber auch Audio- und Videodateien.
CMS sind mehr oder weniger komplexe Software-Lösungen, die es ermöglichen, Inhalte auf Websites zu publizieren und zu verwalten. Meist handelt es sich dabei um eine Datenbanklösung in Verbindung mit einem Web-Interface, das heißt einer Einpflegemaske, die im Browser aufgerufen wird. Verbunden werden diese beiden Enden durch eine Verwaltungssoftware, das Herz des CMS.
Von Redaktionssystemen spricht man, wenn es sich um eine spezielle Form von CMS handelt. Bei Redaktionssystemen steht die Funktionalität des Publizierens von Inhalten auf Websites im Vordergrund; sie werden vor allem in großen Online-Redaktionen eingesetzt.
CMS oder auch Enterprise-Web-Content-Management-Systeme (WCMS) dienen neben dem Publishing von Inhalten auf Websites der technischen Integration unterschiedlichster Anwendungen wie E-Business-Applikationen, Shoplösungen, Warenwirtschaftssysteme, Dokumentenmanagementsysteme, Datenbanken oder Community-Lösungen mit Foren, Boards und Chat. Sie kommen im Internet, in Intra- und in Extranets und in Kombinationen aus diesen zum Einsatz.
CMS funktionieren in aller Regel nach dem Prinzip, die Inhalte von der Form getrennt zu behandeln. Einmal erstellte Inhalte werden zum Beispiel in Datenbanken gespeichert und können in die unterschiedlichsten Vorlagen übernommen werden. Die Informationen über die Formatierung, also Angaben, was als Titel, Vorspann, Link oder in anderer Form hervorgehoben werden soll, stehen wieder in eigenen Datenbanken und können so auch jederzeit angepaßt werden. So können inhaltliche Einträge einmal auf einer Website erscheinen, ein anderes Mal kann derselbe Eintrag als E-Mail verschickt oder auf ein WAP-Handy übertragen werden.
Die Vorteile liegen auf der Hand: Wird das Design der Website verändert, muß der Inhalt nicht neu eingegeben werden, sondern fließt einfach aus

der Datenbank in das neue Layout. Und es ist möglich, ein und denselben Texte auf den unterschiedlichsten Plattformen zu veröffentlichen und ihn eventuell sogar für den Druck auf Papier aufzubereiten.

Der Markt der CMS ist stark im Wachsen begriffen und die Lösungen werden ständig flexibler. Die Software-Architektur wird immer offener und damit anpassungsfähiger. Über unterschiedlichste Schnittstellen werden Lösungen für Customer Relationship Management (CRM), Userverwaltung, Dokumentenmanagement und andere Applikationen mit dem CMS verbunden. So können die publizierten Inhalte nicht nur bedarfsgerecht in die verschiedensten Vorlagen und Layouts einfließen, sie können überdies auch immer spezieller auf Zielgruppen und Individuen zugeschnitten werden (Personalisierung).

Als Ausgabemöglichkeit steht je nach CMS auch die Option »E-Mail« zur Verfügung – es gibt auch Stand-alone-Lösungen, die dann als Newsletter-Redaktionssysteme bezeichnet werden. Damit läßt sich zum Beispiel ein E-Mail-Newsletter mit Inhalten aus einer Content-Datenbank füllen, indem eine andere Datenbank, die etwa Angaben zu den Interessengebieten der Abonnenten enthält, die Zusammenstellung der Inhalte steuert. So kann neben der Kombination verschiedener Texte etwa auch eine persönliche Anrede einfügt oder ein spezieller Link im Newsletter erzeugt werden, der mit User-Identifikationsnummer versehen dem Empfänger durch Anklicken den Einstieg in sein Nutzerprofil ermöglicht. Auch die Schaltung von Inseraten läßt sich auf diese Weise steuern.

Gleichzeitig kann das User-Verhalten immer detaillierter mitgeloggt und ausgewertet werden: Welche Links im Newsletter wurden wie oft angeklickt? Welche der beworbenen Produkte wurden wie oft geordert? Wie hoch ist die Antwortrate bei Gewinnspielen im Newsletter? – Die Verknüpfung unterschiedlicher Reports kann zu interessanten marketingtechnischen Aussagen führen.

Das folgende Modell illustriert das Konzept, nach dem Inhalte in einem Web- und Newsletterprojekt in das System einfließen und wieder ausgegeben werden können – es zeigt die Möglichkeiten, aber auch die Komplexität der Anforderungen an ein CMS (nach Büchner, Traub, Zahradka, Zschau: Web Content Management. Galileo Business 2001):

Mögliche Anlieferungsformate:

- Text (ASCII, ANSI, RTF, HTML, Textverarbeitungsdokumente)
- Grafik (GIF, JPEG, TIFF)
- Video (Flash, Shockwave, RealVideo, AVI, MPEG, Quicktime)

- Audio (MP3, WAV, MIDI, RealAudio)
- 3D (VRML, Cult3D)

Mögliche Anlieferungsarten:

- Eigene oder fremde Datenbanken
- Direkter oder indirekter FTP-Upload
- E-Mails mit oder ohne Attachement
- Webseiten-Formular mit Upload-Funktionalität
- Streaming-Software

Mögliche Auslieferungsarten:

- Eigene Website
- Datenbanken
- FTP-Download-Bereiche
- E-Mail-Newsletter
- Plug-ins
- Audioplayer
- Videoplayer

Bei E-Mail-Newslettern wird das ausgelieferte Datenformat in der Regel Text oder HTML sein, doch die immer größere Verbreitung von Breitband-Technologien wird künftig dazu führen, daß auch Video- und Audioformate per Newsletter übertragen werden können – interessante Perspektiven für Marketing-Experten, wenngleich Rich-Media-Newsletter vorerst wohl nur ganz bestimmte Zielgruppen begeistern werden.
So entwickeln Online-Marketing-Firmen in den USA bereits E-Mails, die aus Bildern und Klängen bestehen. Bei einem dieser Konzepte wird Personalisierung mit Rich Media verknüpft. Jeder Kunde erhält eine individuell gestaltete E-Mail. Die persönliche »Ansprache« wird dabei durchaus wörtlich genommen: der Empfänger wird von einer angenehmen Stimme begrüßt und über speziell auf ihn zugeschnittene Angebote informiert. Dazu spielt im Hintergrund leise Musik, je nach Vorliebe von Klassik bis Jazz. Diese Art des Newsletters kann mit weiteren Marketing-Tools wie etwa Empfehlungssystemen verbunden werden. Ein User wählt dann zum Beispiel auf einer Website ein Produkt für einen Freund aus und schickt diesem eine Rich-Media-Mail. Vielfach werden auch nur die Links verschickt, der Empfänger holt sich dann durch Klick auf den URL die personalisierte Multimedia-Botschaft in die Mailbox. Die Beobachtung des Userverhaltens ist natürlich ein wesentliches Merkmal solcher Software-

Systeme: die Werbekunden erhalten in Echtzeit Feedback über den Erfolg ihrer Kampagne. (Net-Business Nr. 46, 13.11.2000)
Das CMS wird dabei auch oft mit komplexen Listserver-Programmen kombiniert. Oder die Listserver-Software selbst hat Datenbankfunktionalitäten integriert, die eine dynamische Steuerung von Inhalten ermöglichen. Eine State-of-the-Art-Lösung ist hier zum Beispiel Unity Mail, eine anspruchsvolle Lösung für E-Mail-Marketing (Informationen in deutscher Sprache unter: http://www.messagemedia.com/; Case Studies zum Einsatz von Unity Mail gibt es auf ClickZ Today: http://www.clickz.com/).
Sie sehen, Newsletter-Management über CMS ist eine ganz besondere Herausforderung für Datenbank- und Schnittstellenprogrammierer. Die vielfältigen Möglichkeiten von Verknüpfungen setzen eine detaillierte Planung des Workflows voraus. Die Anschaffung solcher Lösungen bzw. der Erwerb von Lizenzen ist vielfach mit hohen Kosten verbunden, und auch bei kostengünstigen Lösungen darf der Administrationsaufwand nicht unterschätzt werden. Hier bietet sich in vielen Fällen die Option des Outsourcing an, die Beratung und Support beinhaltet. Vielfach ist mit der Auslagerung an einen speziellen Dienstleister auch die Teilnahme an einem Anzeigentausch mit anderen Newslettern verbunden, womit auch die Chancen steigen, von komplexen Auswertungstools für die Erfolgsmessung von Anzeigenkampagnen Gebrauch machen zu können. Ein weiterer Vorteil einer Outsourcinglösung kann der zuverlässige und vor allem schnelle Versand auch sehr großer Mengen an E-Mails sein.
Aufgrund der Vielfalt an CMS und der ständig neu auf dem Markt erscheinenden Anbieter von Outsourcing-Lösungen ist es in der Planungsphase notwendig, sich über die Bedürfnisse klar zu werden, die man an ein CMS für Newsletter bzw. an ein Gesamtsystem, das auch die Funktionalitäten zum Versand von Newslettern aufweist, hat. Die Möglichkeiten sind hier vielfältig, die folgenden grundsätzlichen Fragen werden sich jedoch in nahezu allen Fällen ergeben:

- Welche Bedürfnisse soll das System erfüllen?
  - Personalisierung in Form persönlicher Anreden?
  - Individuelle Zusammenstellung von Inhalten nach Auswahl von Optionen durch User?
  - Regionalisierung aufgrund Auswertung von speziellen Daten (Wohnort, Postleitzahl, Herkunftsland, Sprache ...) im Userprofil?
  - Versand aufgrund bestimmter Abonnement-Typen?
  - Erinnerungsdienste?

  - Autoresponder?
  - Versand von Text/HTML?
  - Automatisierte Einbettung von Werbeeinschaltungen?
  - Auswertung von Zugriffen auf URLs im Newsletter?
  - etc.

- Auf welcher Plattform soll die Software laufen, bzw. mit welchem Betriebssystem soll sie kompatibel sein?
- Soll die Lösung browserbasiert arbeiten (es entfällt die Notwendigkeit einer eigenen Clientlösung, was den Schulungs-, Support- und Wartungsaufwand gering hält)?
- Wie viele Benutzer arbeiten mit der Lösung, wie viele Lizenzen werden benötigt?
- Mit welchen Datenbankformaten ist die Lösung kompatibel?
- Welche Daten können verarbeitet werden ?
- Wie funktionieren der Import und der Export der Daten?
- In welcher Programmiersprache ist die Lösung erstellt (wichtig für die flexible Anpassung von Schnittstellen und die Integration von Zusatzmodulen)?
- Welche Kenntnisse sind nötig, um Vorlagen (Templates) zu erstellen?
- Ist das Newsletter-Redaktionssystem mit anderen Content-Management-Systemen kompatibel, und wenn ja, mit welchen?
- Welche Zusatzmodule gibt es?
  - Statistiken und Reports (Userverhalten, An-/Abmeldungen, Zugriffe)
  - Bouncemanagement
  - Moderationstools
  - etc.

Dazu sind all jene Fragen zu beachten, die im Abschnitt 2.3 im Zusammenhang mit Mailinglisten-Software gestellt werden.
Dieser kurze Abriß zum Thema Content-Management-Systeme und Newsletter sowie die Ausschnitte aus einer breiten Palette von möglichen Features sollen die Vielfalt an Möglichkeiten illustrieren, der man als Entwickler von Newsletterprojekten künftig gegenübersteht. Dieser Überblick kann anhand folgender Quellen ergänzt werden:

im Web:

Contentmanager.de

Diese Website vermittelt umfassendes Know-how über das Thema CMS. Dort finden Sie eine ständig aktualisierte Liste von Content-Management-Systemen mit Kommentaren, Links zu den Herstellern und Referenzen.

http://www.contentmanager.de/

ClickZ Today

Hier finden Sie eine Fülle von Case Studies zum Thema E-Mail-Marketing sowie Informationen über Trends und Entwicklungen in diesem Bereich.

http://www.clickz.com/

weiterführende Literatur:

Heino Büchner, Oliver Zschau, Dennis Traub, Rik Zahradka: Web Content Management. Websites professionell betreiben. Galileo Business. Bonn 2001.

Das Buch führt in das Funktionsprinzip von CMS ein und bietet einen Überblick über Anforderungen und Entwicklungen in diesem Bereich. Hinweise zur Projektgestaltung und -abwicklung sowie zu Kosten und sonstigen Ressourcenfragen bietet das Werk ebenso wie ein ausführliches Glossar.

3.12 Erfolgsmessung im E-Mail-Marketing

Es gibt zur Zeit (Dezember 2000) keine fundierten Studien, die sich mit dem Nutzungsverhalten bezüglich E-Mail-Newslettern auseinandersetzen. Im Herbst 2000 hat Mediaoffice.net (http://www.mediaoffice.net/), Leipzig, eine Studie zum deutschsprachigen Newsletter-Markt vorgelegt, in deren Rahmen rund 180 Newsletter einer genaueren Betrachtung unterzogen und deren Daten detailliert in einer Online-Datenbank erfaßt wurden (http://www.telemat.de/publikationen/newsletter/). Hier kann zumindest ein Überblick über die Verbreitung von Newslettern gewonnen werden. Auch zur Wirkung von Anzeigen in Newslettern fehlen professionelle Analysen.

Weiterhin fehlt nach wie vor ein Instrument, das es – im Sinne einer Auflagenkontrolle – ermöglichen würde, die Anzahl von versendeten Newslettern und damit die Zahl der »AdImpressions« im Rahmen eines geprüften Verfahrens anzugeben. Clickthrough-Raten (in bezug auf Links im Newsletter) können zwar durch technische Verfahren und Auswertung von Logfiles dokumentiert werden, aber auch hier fehlen anerkannte Instrumentarien, wie sie zum Beispiel bei Bannerwerbung und zur Zählung von Page-Impressions durch die Verfahren der IVW zur Verfügung stehen.

Folgende Möglichkeiten haben Sie dennoch, um den Erfolg von Newslettern und Anzeigen im Newsletter zu dokumentieren:

- Wenn Sie in Ihrem Newsletter Links auf Inhalte Ihre Website setzen, so können Sie diese mit einer speziellen Kennung versehen. Die Auswertung der Logfiles zeigt Ihnen dann, wie viele Zugriffe auf den entsprechenden Beitrag es gibt. Die einfachste Methode ist jene, am Ende des URLs ein Fragezeichen und ein Codewort einzugeben, z. B.: http://www.letterfactory.at/?newsletter. Die Auswertung der Logfiles zeigt Ihnen dann, wie viele User über den angegebenen URL auf Ihre Website gekommen sind.
- Sollten Sie Ihre Newsletterprojekte von einem Dienstleister abwickeln lassen, so fragen Sie unbedingt danach, ob die von diesem verwendete Software die Erstellung von trackbaren Links erlaubt und ob Ihnen diesbezügliche Reports zur Verfügung gestellt werden.
- Verwenden Sie in Ihrem Newsletter andere Kontakt-E-Mailadressen als in Ihrem restlichen Geschäftsverkehr. So können Sie feststellen, welche Anfragen über den Newsletter kommen.
- Sie können das An- und Abmeldeverhalten beobachten und Aussagen dazu treffen, ob es kurz nach der Aussendung eines Newsletters merkbar mehr Abmeldungen gibt. Diese Analyse kann Ihnen dabei helfen, die Inhalte und/oder den Umfang Ihres Newsletters zu überdenken und gegebenenfalls zu modifizieren.

3.13 Wie Sie Ihr Newsletter-Know-how weiterentwickeln können

Sie finden in diesem Buch zahlreiche Beispiele und viele Hinweise, worauf Sie bei der Gestaltung von Newslettern achten sollten. Alles, was Sie in diesem Buch vorfinden, ist jedoch lediglich als Anregung zu verstehen. Das Medium ist in Bewegung, vieles entsteht neu, vieles wird ausprobiert – und Sie können sich aktiv an diesen Entwicklungen beteiligen. Um Ihr Urteilsvermögen zu schulen und um selbst kreativ werden zu können, ist es unerläßlich, sich mit dem Medium zu befassen:

- Abonnieren Sie zahlreiche Newsletter und vergleichen Sie. Lassen Sie Erscheinungsbild und Text auf sich wirken und analysieren Sie, was Ihnen zusagt, was Ihnen weniger gefällt – und warum dies so ist.
- Lassen Sie sich nicht durch mangelnde Sprachkenntnisse abschrecken und abonnieren Sie auch US-amerikanische Angebote. Analysieren Sie Gestaltungsmerkmale und Formatierung, Textanzeigen, Kopf und Impressum. Sie werden unendliche Möglichkeiten entdecken, Ihren eigenen Newsletter zu entwickeln.
- Legen Sie ein Archiv an, in dem Sie die Newsletter, die für Sie interessant sind, sammeln – eventuell als Ausdrucke in einem Ordner –, und vergleichen Sie hin und wieder, was sich geändert hat. Viele Unternehmen verbessern Ihre Produkte »im laufenden Betrieb«, und Sie können durch aufmerksames Beobachten ebenso im laufenden Betrieb mitlernen – sowohl was technische Entwicklungen als auch was inhaltliche Trends betrifft.

→ Tip

Umfassendes Know-how zum Thema Newsletter und Mailinglisten in deutscher Sprache finden Sie auf diesen Websites:

Newsletterberater.de
http://www.newsletterberater.de/

Newsletterbuch.de
http://www.newsletterbuch.de/

Newslettermarketing.de
http://www.newslettermarketing.de/

Klaus Arnhold PR
http://www.klaus-arnhold.de/

Abseits.de
http://www.abseits.de/webmaster.htm

Torsten Schwarz – Website zum Buch »Permission Marketing«
http://www.torsten-schwarz.de/

4 | Marketing mit E-Mail II: Diskussionslisten

Die Diskussionsliste ist neben dem Newsletter die zweite wichtige Form der Mailingliste. Bei Diskussionslisten läuft die Kommunikation allerdings in beiden Richtungen: Die Teilnehmer erhalten E-Mail-Nachrichten über den E-Mail-Verteiler und können auch selbst Mails an die Liste schicken. Diese Nachrichten werden wiederum an alle Abonnenten der Liste weitergeleitet. Die Verteilung der E-Mails übernimmt in der Regel ein Mailinglisten-Programm, wie wir sie in Kapitel 2.3 kennengelernt haben.
In einer Diskussionsliste verläuft die Kommunikation von vielen zu vielen. Im Gegensatz zum Newsletter stellt der Betreiber hier weniger den Inhalt, als vielmehr die Infastruktur zur Verfügung, mit der Abonnenten miteinander kommunizieren können.
Das heißt: Eine Diskussionsliste lebt von und mit ihren Abonnenten, denn diese produzieren den Inhalt und schaffen mit der Art und Weise ihrer Kommunikation unter Umständen eine ausgeprägte Beziehungsstruktur untereinander.
Diese Beziehungsstruktur wird auch häufig als Community bezeichnet. Communities im Internet sind nichts anderes als Online-Gemeinden, also Gemeinschaften von Personen, die sich für ein bestimmtes Thema oder ein bestimmtes Produkt interessieren.

Diskussionslisten sind für das Online-Marketing in zweierlei Hinsicht interessant:

- Als **Anbieter** bzw. Betreiber einer Diskussionsliste können Sie wertvolle Informationen über Ihre Kunden und deren Wünsche bezüglich Ihrer Produkte oder Dienstleistungen erhalten. Aufgrund von Fragen, die immer wieder auftauchen, sind Sie in der Lage, Ihre Informationsangebote zu verbessern, Sie können Ihre Supportleistungen ausbauen oder Ihre Handbücher ergänzen, und Sie lernen etwas darüber, wie Anwender Ihre Produkte einsetzen etc.
- Als **Teilnehmer** an Diskussionslisten können Sie ebenso an interessante Informationen zu den unterschiedlichsten Themen herankommen,

die Ihnen unter Umständen für Ihr eigenes Geschäft wertvollen Input liefern.

Beide Formen des Engagements erfordern allerdings kontinuierliche Aktivitäten, denn um Diskussionslisten zu verstehen, an ihnen teilzunehmen und in weiterer Folge selbst eine Liste einzurichten und zu betreiben, ist es unerläßlich, Zeit zu investieren und eine gewisse Lernbereitschaft an den Tag zu legen.

4.1 Die Arten von Diskussionslisten

Diskussionslisten können auf verschiedene Arten organisiert sein. Es gibt:

- Unmoderierte Diskussionslisten

  Alle eingehenden Beiträge werden automatisch an alle Teilnehmer weitergeleitet.

- Moderierte Diskussionslisten

  Die eingehenden Mails werden vom Betreiber der Liste erst gesichtet, ehe sie an die anderen Mitglieder weitergeschickt werden. Damit kann verhindert werden, daß die Diskussion abdriftet oder daß Beiträge, die nicht zum Thema passen, in die Liste gelangen. Auch unerwünschte Werbung, die immer wieder ein Schlupfloch findet, kann auf diese Weise herausgefiltert werden. – In einer gut geführten Diskussionsliste wird man zumeist eine »sanfte« Moderation vorfinden, die auf Netiquette-Verstöße hinweist oder an die Einhaltung Listen-spezifischer Regeln erinnert.

- Offene Diskussionslisten

  Hier kann sich jeder eintragen, der die E-Mails aus der Liste erhalten und sich an den Diskussionen beteiligen möchte.

- Geschlossene Diskussionslisten

  Es gibt zahlreiche Diskussionslisten, an denen man nur unter bestimmten Voraussetzungen teilnehmen kann. Hier muß man zum Beispiel eine E-Mail mit einer kurzen Vorstellung oder mit dem Nachweis bestimmter Qualifikationen, die die Teilnahme rechtfertigen, an den Betreiber schicken.

4.2 Die Teilnahme an einer Diskussionsliste

Bevor Sie zur Einrichtung einer Diskussionsliste schreiten, sollten Sie sich eine Zeitlang selbst an einer oder mehreren Listen beteiligen bzw. zumindest als »Lurker«, als Beobachter, teilnehmen. Dabei können Sie zum einen Erfahrungen in technischer und inhaltlicher Hinsicht sammeln. Gleichzeitig werden Sie feststellen, wieviel Zeit Sie benötigen werden, um eine eigene Liste zu betreiben. Und Sie werden im Zuge Ihrer Suche nach für Sie interessanten Listen feststellen, ob es überhaupt Bedarf an einer Liste zu dem von Ihnen geplanten Thema gibt.

4.2.1 Der Aufwand

Vor der Einrichtung einer Diskussionsliste sollten Sie genau überlegen, wieviel Zeit Sie kontinuierlich aufbringen können, um die Liste zu verwalten und zu betreuen. Als Faustregel können Sie davon ausgehen, daß Sie für eine Liste mit 100 bis 200 Teilnehmern durchaus ein bis zwei Stunden pro Tag reservieren sollten. In dieser Zeit werden Sie individuelle Anfragen beantworten, administrative Aufgaben erledigen und sich nicht zuletzt selbst aktiv an Diskussionen beteiligen. Nicht vergessen darf man den Aufwand zur Bekanntmachung einer Diskussionsliste. Dazu kommt die technische Betreuung der Mailingliste, sofern Sie diese nicht zu einem Provider oder zu einem speziellen Anbieter auslagern.

Ist Ihre Liste moderiert, so wird sich dieser Aufwand noch erhöhen, denn Sie müssen jede eingehende Mail durchsehen, bevor Sie sie weiterschicken oder gegebenfalls zurückweisen.

Aber auch wenn Sie sich »nur« als aktiver Teilnehmer in eine Diskussionsliste eintragen, sollten Sie das verfügbare Zeitbudget rechtzeitig überprüfen, denn schon die Teilnahme an einer sehr aktiven Liste kann ein bis zwei Stunden am Tag verschlingen.

4.2.2 Wie finde ich eine geeignete Liste?

Wie wir schon im Abschnitt über den Newsletter gesehen haben, helfen die unterschiedlichsten Verzeichnisse im Web beim Finden geeigneter Mailinglisten. Dort findet man auch Informationen über den Zweck der Liste sowie über den Modus zur An- und Abmeldung.

Die wichtigsten Mailinglisten-Verzeichnisse sind:

Meta-List.net

Verzeichnis von Mailinglisten, das von der Speed-Link GmbH Berlin betrieben wird. Seit Oktober 1999 online. Das größte Verzeichnis weltweit. Ausführliche Beschreibungen über den Inhalt von Newslettern und Mailinglisten, dazu auch Angaben, wie diese bestellt und abbestellt werden können. Sprache: Deutsch.

http://www.meta-list.net/

KBX.de

Verzeichnis von deutschen Mailinglisten, betrieben von Speed-Link, einem Anbieter von Dienstleistungen rund um Mailinglisten. Die internationale Suche erfolgt über Meta-List.net. Sprache: Deutsch.

http://www.kbx.de/

Lisde.de

Verzeichnis von Mailinglisten. Sprache: Deutsch.

http://www.lisde.de/

Liszt.com

Verzeichnis von Mailinglisten, Newslettern, Newsgroups und IRC-Channels. Sprache: Englisch.

http://www.liszt.com/

Darüber hinaus finden Sie bei den in Kapitel 2.4 genannten Online-Anbietern von Mailinglisten-Services sowie auf vielen Sites für Mailinglisten-Software (Kapitel 2.3) Verzeichnisse von Listen, die mit der jeweiligen Software betrieben werden.

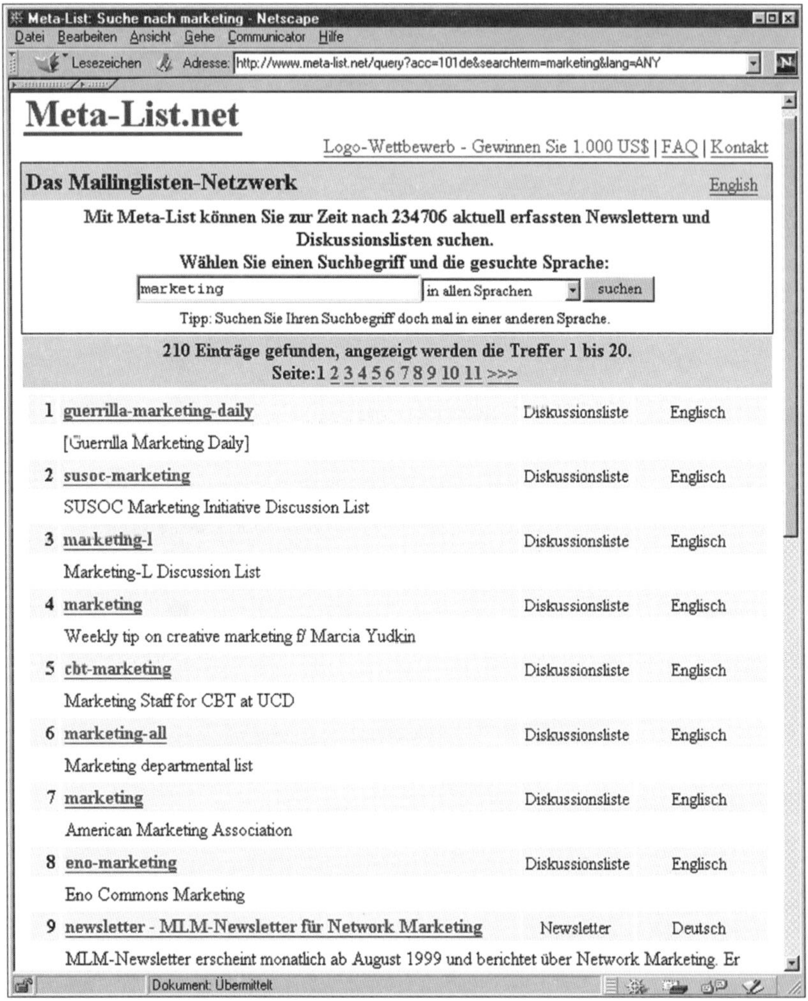

Abbildung 33: Meta-list.net – http://www.meta-list.net/

Sie können aber auch per E-Mail und mit Steuerungsbefehlen auf Suche nach Mailinglisten gehen. Wenn Sie zum Beispiel wissen möchten, welche Listen zum Thema »Marketing« mit der Mailinglisten-Software *ListServ* betrieben werden, schreiben Sie eine Mail:

An: listserv@listserv.net

Betreff: leer

Text: list global/marketing

In Sekundenschnelle erhalten Sie zwei Mails vom Listserver. In der ersten Nachricht wird die Abwicklung Ihres Auftrages bestätigt. Die Recherche-Ergebnisse kommen in der zweiten Mail: eine Zusammenstellung von zahlreichen Mailinglisten, die sich mit Marketing beschäftigen, mit kurzen Anweisungen zum Bestellvorgang.

4.2.3 Anmeldung

Die Anmeldung bei einer Diskussionsliste erfolgt wie beim Newsletter meist mit einer Mail, die sie an den Listserver senden. Der Listserver schickt üblicherweise nach wenigen Sekunden eine Bestätigungsmail (Confirmation Mail, Confirmation Document) mit ersten Informationen zur Liste. Fallweise müssen Sie diese zurückschicken, um wirklich in den Verteiler aufgenommen zu werden. Lesen Sie diese Bestätigungsmail also sorgfältig, um den weiteren Anmeldevorgang korrekt durchzuführen. Nun erhalten Sie eine Willkommensmail, die neben einer Beschreibung der Liste auch die Regeln enthält, die in der Liste gelten.

```
Hallo ,

+------------------------------------------------+
| Bitte lesen Sie diese Informationen aufmerksam durch |
+------------------------------------------------+

Herzlich willkommen auf der Content-Provider Liste!

Die Liste ist ein Projekt von Berlecon Research (http://www.berlecon.de).
Sie beschaeftigt sich mit strategischen und wirtschaftlichen Aspekten des
Anbietens von Inhalten im Internet.

Sie sind jetzt Mitglied der Mailingliste content-provider@kbx.de.

          Ihr Name           :
          Ihre Emailadresse : [office@letterfactory.at]
```

```
Hierzu ein paar Erklaerungen, die Sie sich bitte aufmerksam
durchlesen sollten:

Wenn Sie eine Mail an diese Liste schreiben wollen, schreiben Sie
bitte an die Adresse: content-provider@kbx.de . Bedenken Sie, dass
eine Mail an die Liste von jedem Listenmitglied gelesen werden kann,
schreiben Sie also keine privaten Nachrichten oder Mitteilungen, die
sie nur einzelnen machen moechten, an die Liste. Bitte verwenden Sie
keine Umlaute bei Nachrichten an die content-provider, sondern stattdes-
sen
ae, oe und ue.

Die Verwaltung der Mailingliste und das Volltextarchiv ist komfortabel
ueber eine WWW-Oberflaeche zu erreichen. Ueber die Adresse:

          http://www.kbx.de/cgi/lyris.pl?enter=content-provider

koennen Sie sich mit Ihrer Emailadresse anmelden und Ihre
persoenlichen Einstellungen veraendern, sowie ein Volltextarchiv der
bisher eingegangenen Mails durchsuchen.

Wenn es Ihnen zuviele Mails aus der Liste werden, koennen
Sie Ihren Status auf DIGEST, also eine taegliche Mail mit
der Zusammenfassung aller Mails dieses Tages setzen.

Schreiben Sie einfach eine Mail an: lyris@kbx.de
mit dem Inhalt:

          set content-provider digest

Oder benutzen Sie das obengenannte Webinterface.

Die content-provider ist 'moderiert': alle Nachrichten werden automatisch
an den Listenbetreiber Liste gesendet. Er entscheidet, ob die Mails
auf der Liste erscheinen.
Ausserdem ist der Reply ebenfalls automatisch auf die Liste gesetzt:
wenn Sie auf eine Nachricht der Liste antworten, geht die Nachricht
automatisch an die Liste.

Was Sie auf dieser Liste nicht tun duerfen:

- die Adressen der Listen-Teilnehmer fuer Spam (ungewuenschte Mails)
  verwenden. Der Befehl 'query liste' ist deaktiviert, wer eine
  Namensliste benoetigt, kann sich an den Betreiber wenden:
  content-provider-owner@kbx.de
```

```
- Cross-Posting: Es ist in manchen Faellen ok, eine Meldung (z.B.
  Ankuendigung eines Workshops) an mehrere Foren zu schicken. In diesem
  Falle bitte trotzdem nicht einfach eine CC schicken, sondern eine extra
  Nachricht schreiben und diese der jeweiligen Landessprache anpassen.
  Andere Arten von Cross-Posting bitte unterlassen oder den Betreiber
  vorher fragen:
  content-provider-owner@kbx.de

Falls Sie content-provider einmal nicht mehr lesen wollen, finden Sie
am Ende einer jeden Nachricht genaue Hinweise fuer das Verlassen der
Liste.

Und jetzt viel Vergnuegen auf content-provider

Thorsten Wichmann
tw@berlecon.de

____________________________________________________________
Diese Liste ist geponsert von Speed-Link - http://www.speed-link.de
____________________________________________________________
```

Abbildung 34: Willkommensmail der Content-Provider-Liste – http://www.kbx.de/

Die Begrüßungsmail sollten Sie praktischerweise aufbewahren, damit Sie die Informationen bei Bedarf nachlesen können.

4.2.4 Die Form Ihrer Beiträge

Um einen Überblick über die behandelten Themen und einen Eindruck von der Diskussionskultur in der Liste zu bekommen, lesen Sie in den ersten Tagen lediglich mit. Erst dann beteiligen Sie sich mit Fragen und Beiträgen. Eine kurze Vorstellung erleichtert Ihnen den Einstieg.
Für die Form Ihrer Beiträge gelten dieselben Regeln, die im allgemeinen E-Mailverkehr angewendet werden (sollten). Diese Regeln sind in der Netiquette zuammengefaßt, die Sie vollständig im Kapitel 10 finden. Die wichtigsten Punkte in Kürze:

- Verwenden Sie einen realen Namen.
- Formulieren Sie aussagekräftige Betreffs (Subject).
- Stellen Sie eine maximale Zeilenbreite von 70 Zeichen ein.
- Verwenden Sie kein HTML, und verschicken Sie keine Attachements.

- Zitieren Sie richtig.
- Erst lesen, dann posten.

Sollten Sie die eine oder andere Regel nicht beachten, kann es sein, daß Sie von anderen Teilnehmern oder vom Moderator der Liste darauf hingewiesen werden. Nehmen Sie diese Hinweise an und setzen Sie diesbezügliche Ratschläge um, es wird Ihnen das Leben in und mit Mailinglisten sehr erleichtern. Lassen Sie sich als »Newbie« auf keinen Fall auf Diskussionen zu diesen Regeln ein, auch wenn Ihnen der Sinn so mancher »Vorschrift« anfangs verborgen bleibt. Sie können sich damit von vornherein einiges verderben. – Und sollten Sie planen, sich in den Newsgroups des Usenet aktiv zu betätigen, werden Ihnen Ihre Erfahrungen aus Mailinglisten sehr zugute kommen. Im Usenet ist die Befolgung der Netiquette nämlich eine »Überlebensnotwendigkeit«, jeder Fauxpas wird von Tausenden Teilnehmern wahrgenommen.

Umlaute: ja oder nein?

Für die Verwendung von Umlauten in Mailinglisten kann keine eindeutige Empfehlung abgegeben werden. Selbstverständlich sollten Sie in englischsprachigen Listen keine solchen verwenden, bei deutschsprachigen Listen sollten Sie auf jeden Fall auf die Gepflogenheiten achten und im Zweifel beim Listenbetreiber oder dem Moderator nachfragen. Achtung: Vermeiden Sie unbedingt die Verwendung von Umlauten im Header, also im »An:«-, im »Reply-to:«- und im »Betreff:«-Feld.

Keine HTML-Mails in Mailinglisten!

Was bei Newslettern unter bestimmten Umständen durchaus sinnvoll sein kann, ist in den meisten professionell geführten Mailinglisten verpönt: die Verwendung von HTML. Die Begründung liegt neben Bandbreitenverschwendung aufgrund aufgeblähter E-Mails auch in der Tatsache, daß viele User HTML-Mails in ihren Clients nicht darstellen können.

Richtiges Zitieren

Ein wichtiger Punkt der E-Mail-Kultur ist das richtige Zitieren. Um den Zusammenhang zu erhalten, wird bei der Beantwortung von E-Mails üblicherweise der Ursprungstext bzw. Teile davon in der Antwort belassen. Dabei geht leicht die Übersicht verloren, wenn Sie sich nicht an einige einfache Regeln halten:

- Löschen Sie alles, was nicht mehr gebraucht wird. Das sind z. B. die Anrede, die Signatur und diverse Listeninformationen.
- Setzen Sie Ihren Antworttext unter die Passagen, auf die Sie antworten. Der ursprüngliche Text sollte als Zitat erkennbar sein. Üblicherweise werden bei den Zitaten an Anfang jeder Zeile spitze Klammern gesetzt. Diese Textpassagen erscheinen dann in kursiver Schrift oder in einer anderen Bildschirmfarbe. Mail-Programme bieten in der Regel verschiedene Möglichkeiten zur Formatierung der Zitierzeichen (auch Quotezeichen genannt). Sie werden jedoch feststellen, daß die spitzen Klammern beinahe so etwas wie ein Standard sind.

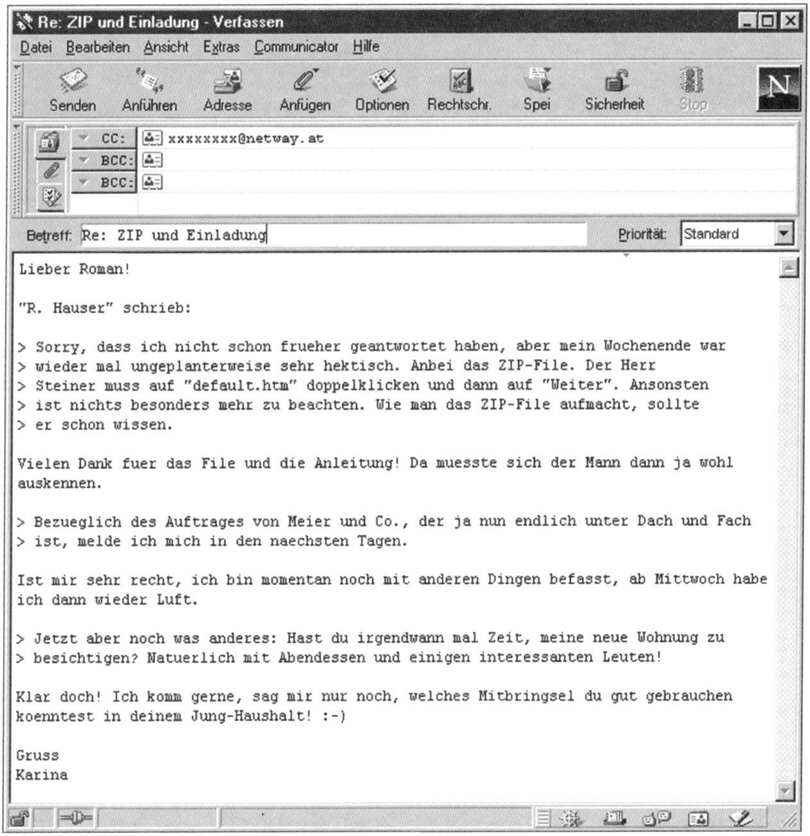

Abbildung 35: Mail mit Zitaten unter Verwendung von spitzen Klammern als Quotezeichen

Längere Zitate können überdies gekürzt werden, wobei die Auslassungen am besten durch [...] gekennzeichnet werden.

→ Hinweis

Es kann im unternehmensinternen und -externen Mailverkehr oft sinnvoll sein, NICHT zu zitieren, sondern den gesamten Mailverkehr in den Antworten mitzuschicken. Dies wird dann der Fall sein, wenn sich Geschäftsvorgänge über längere Zeit hinziehen und zu Dokumentationszwecken und aus administrativen Gründen alle Mails in ihrer Gesamtheit erhalten bleiben sollen.

Abkürzungen (Akronyme) und Smileys (Emoticons)

Im E-Mail-Verkehr werden Sie häufig Abkürzungen begegnen, den sogenannten Akronymen. Die populärsten Abkürzungen finden Sie in der folgenden Tabelle. Bevor Sie selbst Akronyme verwenden, sollten Sie allerdings abklären oder zumindest versuchen abzuschätzen, ob Ihr(e) Mail-Partner diese verstehen.
Dasselbe gilt für Smileys. Nicht alle Menschen wissen, was damit gemeint ist, wenn Sie ein :-) in Ihrer Mail vorfinden. Verwenden Sie diese Dinge also sparsam!

Akronyme

Abkürzung	Bedeutung englisch	Bedeutung deutsch
AFAICS	As far as I can see	So wie ich die Sache sehe
AFAIK	As far as I know	Soweit ich weiß
ASAP	As soon as possible	So bald wie möglich
BTW	By the way	Ach, übrigens ...
CU	See you!	Wir sehen uns!
CUL	See you later!	Bis dann, wir sehen uns später!
CWYL	Chat with you later	Reden wir später noch mal

Abkürzung	Bedeutung englisch	Bedeutung deutsch
EOD	End of discussion	Ende der Diskussion
F2F	Face to face	Von Angesicht zu Angesicht
FAQ	Frequently asked questions	Häufig gestellte Fragen
FYA	For your amusement	Zu deiner Unterhaltung
FYEO	For your eyes only	Nur für dich
FYI	For your information	Zu deiner Information
»g«	Grin/grinning	Grinsend
GRMBL	Grumble	Grummelnd
HTH	Hope this helps!	Hoffe, das hilft!
IMHO	In my humble opinion	Meiner bescheidenen Meinung nach
IMO	In my opinion	Meiner Meinung nach
IRL	In real life	Im wirklichen Leben
LOL	Laughing out loud	Laut lachend
OTOH	On the other hand	Andererseits
PM	Private mail	Privater Brief/private Mail
ROTFL	Rolling on the floor laughing	Sich auf dem Boden kugeln vor Lachen
RTFM	Read the "fine" (f*cking) manual	Lies das schöne (verdammte) Handbuch!
RTFOH	Read the "fine" (f*cking) online-help	Lies die schöne (verdammte) Programm-Hilfe!
SCNR	Sorry could not resist	Entschuldigung, konnte nicht widerstehen
THX/TNX	Thanks	Danke
TTUL/TTYL	Talk/type to you later	Wir sprechen/schreiben uns später
VR	Virtual Reality	Virtuelle Realität/Leben im Netz

Die populärsten Smileys

:-)	lächelndes Smiley
:-(	trauriges Smiley
;-)	zwinkerndes Smiley
;-(	Smiley ist zum Weinen
:-))	sehr glückliches Smiley

4.3 Mailinglisten: Marketing durch Teilnahme

Sie haben nun eine ideale Liste gefunden und sie abonniert. Nachdem Sie eine Zeitlang als stiller Beobachter an der Liste teilgenommen haben, haben Sie ein Gefühl für den Umgangston in der Liste bekommen. Nun möchten Sie selbst aktiv werden. Um Ihre »Botschaft« zu vermitteln, stehen Ihnen folgende Möglichkeiten offen:

- Sie können auf einen Beitrag oder auf eine Frage von jemandem reagieren.
- Sie können selbst eine Frage stellen oder eine Diskussion eröffnen.

Beide Möglichkeiten eröffnen Ihnen Wege, Ihre Produkte und Dienstleistungen vorzustellen. Dies sollte allerdings nicht in Form der »Holzhammermethode« geschehen. Posten Sie also nicht den Text Ihres aktuellen Produktfolders in die Liste, sondern bereiten Sie die relevanten Informationen so auf, daß sie den Gepflogenheiten der Liste angepaßt erscheinen. Hinweise auf geeignete Produkte oder Leistungen Ihrer Konkurrenz erhöhen überdies Ihre eigene Glaubwürdigkeit.

Die Signatur als Marketingwerkzeug

Sie werden natürlich auch Beiträge verfassen, die nichts mit Ihrem Unternehmen und Ihren Produkten zu tun haben. Doch auch mit diesen E-Mails können Sie Ihre Botschaft transportieren, indem Sie jeder Nachricht, die Sie versenden, eine aussagekräftige Signatur beifügen. Unterschätzen Sie keinesfalls die Wirkung von Signaturen! Als elektronische Visitenkarte ist die Signatur ein sehr wichtiges Instrument in Ihrer Online-Marketing-Strategie.

Viele Mail-Clients erlauben zudem die Verwaltung mehrerer Signaturen. So können Sie je nach Gelegenheit die eine oder andere Visitenkarte an Ihre E-Mails hängen.

Eine Signatur sollte folgende Angaben enthalten:

- Ihren Namen
- den Namen Ihres Unternehmens
- Adresse, Telefonnummer, Faxnummer
- Ihre E-Mail-Adresse
- die Adresse Ihrer Website

Die Kunst besteht nun darin, diese Angaben in wenigen Zeilen unterzubringen und das Ganze auch noch ansprechend zu formatieren. Eine Signatur sollte nämlich im Idealfall aus maximal vier (!) Zeilen bestehen. Diese Regel stammt ursprünglich aus dem Usenet, wo aus historischen Gründen ein sehr puristischer Umgang mit E-Mail vorherrscht. Wer es schafft, sich daran zu halten, wird sich bei Kennern der Materie durchaus als Profi darstellen. Außerhalb des Usenet, also auch in Mailinglisten, wird diese Regel im allgemeinen nicht so strikt eingehalten. – Und im täglichen Mailverkehr werden Sie auch zehn- und zwölfzeiligen Signaturen begegnen.

Eine vierzeilige Signatur, die auch noch eine zusätzliche Marketingbotschaft überbringt, könnte zum Beispiel so aussehen:

```
--
Karina Matejcek * Letterfactory.at
Clusiusg. 11/1 * A-1090 Wien * T 01/555 55 55 * F 01/555 55 55
http://www.letterfactory.at/ * mailto:office@letterfactory.at
****Neu im Buchhandel: Mailinglisten und Newsletter****
```

Achten Sie bei der Formatierung auf die korrekte Zeilenbreite. Und gewöhnen Sie sich auch gleich die Setzung der richtigen Signaturabtrennung an: Diese besteht aus zwei Bindestrichen plus Leerzeichen: -- . Manche Mail-Programme setzen diese Abtrennung automatisch, bei anderen müssen Sie dies selbst vornehmen.
Vermeiden Sie im professionellen Mailverkehr die Aufnahme diverser, mehr oder weniger witziger Sprüche und Zitate in Ihre Signatur. Auch verspielte ASCII-Grafiken verfehlen im Geschäftsleben meist die Wirkung!

4.4 Marketing in Mailinglisten: eine eigene Liste einrichten

Sollten Sie bei Ihren Recherchen feststellen, daß es zu dem von Ihnen gewünschten Thema keine geeignete Diskussionsliste gibt, können Sie darangehen, eine eigene Liste einzurichten.
Die folgende Checkliste soll Ihnen helfen, mit dem Wissen, das Sie bis jetzt erworben haben, die Einrichtung und den Betrieb der Diskussionsliste bereits im Vorfeld gut zu organisieren.

Checkliste: Einrichtung einer Diskussionsliste

Name der Diskussionsliste:
Der Name der Liste sollte kurz und treffend sein, keine Umlaute, Leerzeichen, Unterstriche und nach Möglichkeit keine Abkürzungen enthalten. Er sollte möglichst einzigartig sein, um Verwechslungen auszuschließen.

____

Thema der Diskussionsliste und Zielgruppe:
Hier beschreiben Sie in wenigen Sätzen, worum es in der Liste geht und wen Sie ansprechen.

____

____

____

____

Die Liste soll sein:
- moderiert
  - ein Moderator? mehrere Moderatoren? ____________________
- unmoderiert
- geschlossen
  - Wer trägt die Abonnenten in den Verteiler ein? ____________________
- offen

Technisches:

Eigener Listserver? ____________________

Wenn ja, welche Mailinglisten-Software?

____

Wer installiert, konfiguriert, testet die Software?

____

Wenn nein, welche Alternativlösung?

____

An-/Abmeldung: per E-Mail
zusätzlich über die Website

Administration:

Wer wird die Liste technisch betreuen (Administrator)?

____

Wer wird die Liste inhaltlich betreuen (Moderator)?

____

Wer erstellt folgende Texte:

Willkommensmail ____________________

Hilfetexte ____________________

Frequently Asked Questions (FAQs) ____________________

Bestätigungsmail für An-
und Abmeldung ____________________

Begleittexte für den Fuß,
den Betreff? ______________________

Ressourcen:

Wieviel Zeit kann ich pro Tag/
pro Woche aufwenden? ______________________

Betreue ich die Liste allein? ______________________

Wenn nein, welche Mitarbeiter meines Unternehmens werde ich einbeziehen?

____

____

____

Wer wird mich bei Abwesenheit vertreten?

____

____

4.5 Tips zur Betreuung einer Mailingliste

Die Entscheidung, als Teil Ihrer Online-Marketingstrategie eine Mailingliste einzurichten, ist mit einigen Konsequenzen hinsichtlich Ihres Online-Lebens verbunden. Denn die Betreuung und Moderation einer Liste, die sich für Sie und die Teilnehmer lohnen soll, erfordert Präsenz und Engagement.

- Machen Sie Ihre Liste bekannt: Tragen Sie sie in Mailinglisten-Verzeichnisse und Suchmaschinen ein.
- Planen Sie ausreichend Zeit für die Verwaltung der Liste ein. Rechnen Sie bei 100 bis 200 Mitgliedern mit einem Aufwand von ein bis zwei Stunden pro Tag.

- Nehmen Sie Ihre Aufgabe als Moderator und Administrator ernst, aber nicht zu ernst. Lassen Sie andere zu Wort kommen, auch wenn es Ihnen unter den Nägeln brennt, sofort zu antworten. Achten Sie aber auch darauf, daß Fragen nicht unbeantwortet bleiben.
- Eine gut geführte Liste wird ein Wechselspiel aus Fragen und Antworten von allen Beteiligten inklusive Ihrer Person sein. Es wird niemand von Ihnen erwarten, daß Sie nur Auskünfte geben.
- Entwickeln Sie klare Regeln. Diese Regeln sollten alle Teilnehmer mit der Willkommensmail erhalten, Sie können Sie aber auch in regelmäßigen Abständen in die Liste posten.

Wenn es Ihnen gelingt, Ihrer Liste eine Identität zu verpassen, werden sich die Teilnehmer wohlfühlen und zu einer Gemeinschaft zusammenwachsen. Vielfach kommt es über den virtuellen Kontakt hinaus auch zu persönlichen Bekanntschaften und zur Netzwerkbildung.

5 | E-Mail on Demand: der Autoresponder

Wir haben anhand des Newsletters und der Diskussionsliste schon viele Vorteile kennengelernt, die durch den Einsatz von E-Mail im Marketing entstehen. Die Kostenvorteile bei der Übermittlung Ihrer Marketing-Botschaft sind sowohl bei E-Mail-Newslettern als auch bei Mailinglisten unübersehbar. Es gibt jedoch noch eine weitere Möglichkeit des E-Mail-Einsatzes, die unter anderem dann attraktiv ist, wenn die personellen Ressourcen zwar knapp sind, Sie aber dennoch Ihren Kunden bestimmte Serviceleistungen nicht vorenthalten möchten.

Der Einsatz von E-Mail als Marketing-Instrument setzt voraus, daß eingehende Mails von Interessenten und – potentiellen – Kunden prompt beantwortet werden. Prompt bedeutet in diesem Fall, daß eine Antwortzeit von 24 Stunden auf keinen Fall überschritten werden sollte.

Bevor Sie also auf Ihrer Website ein Feedbackformular einrichten oder eine andere Möglichkeit zum Einholen von weiteren Informationen zu Ihren Produkten und Dienstleistungen per E-Mail schaffen, sollten Sie überlegen, in welcher Form diese Mails bearbeitet werden sollen.

Wenn nur einige Anfragen pro Tag hereinkommen, so wird es ausreichen, diese individuell innerhalb von ein paar Stunden zu beantworten. Doch wenn die einlangende Post mehr wird und vielleicht nicht mehr sofort abgearbeitet werden kann, dann bietet sich die Einrichtung eines Programmes an, das einlangende Mails automatisch beantwortet: der Autoresponder.

Autoresponder, auch »Mailbot«, »Infobot« oder »Mail Reflector« genannt, beantworten einlangende Mails prompt, der Absender erhält quasi eine Empfangsbestätigung und damit das beruhigende Gefühl, daß seine Anfrage wahrgenommen wurde.

Autoresponder sind Programme, die wie Listenprogramme entweder direkt bei Ihnen oder bei Ihrem Provider auf dem Server eingerichtet werden. So stellen viele Provider gegen eine geringe monatliche Gebühr solche Systeme zur Verfügung. Einige der bereits genannten Mail- und Listenprogramme enthalten auch Autoresponder-Funktionen. Diese Programme erlauben es je nach Komplexität auch, anhand von Begriffen in der

Betreff-Zeile oder der Empfänger-Adresse entsprechende Texte abzurufen, die dem Empfänger vermitteln, sein Anliegen werde bereits individuell bearbeitet.
Durch den Einsatz von Autorespondern kann man dem Interessenten schon vorab diverse weiterführende Informationen zukommen lassen, und man gewinnt Zeit für die individuelle Beantwortung. Autoresponder können jedoch auch auf andere Weise sehr sinnvoll eingesetzt werden: als System, mit dem Interessenten zu unterschiedlichen Themen per E-Mail Informationen abrufen können. Diese Informationen werden unmittelbar nach Einlangen der Anforderungsmails versandt – und das rund um die Uhr, an jeden Punkt der Erde. Diese Möglichkeit bietet sich vor allem dann an, wenn Sie den Besuchern Ihrer Website weiterführende Informationen oder Formulare zukommen lassen möchten wie zum Beispiel:

- Allgemeine Geschäftsbedingungen
- Preislisten
- Informationen zu Produkten und Dienstleistungen
- Nähere Angaben über Ihre Firma
- Frequently Asked Questions
- Gebrauchsanweisungen
- Bestellformulare

Der Interessent sendet lediglich eine E-Mail an den Autoresponder, das Programm erkennt die Anfrage und schickt den angeforderten Text. Eine klare Anleitung auf der Website oder entsprechende Eingabefelder erleichtern dem User den Umgang mit dieser Lösung.
Sie werden sich vielleicht fragen, warum Sie diese Informationen nicht gleich auf der Website veröffentlichen sollten. Nun, sicherlich können Sie Ihre AGB oder Bestellformulare auch zum Download bereitstellen, und in vielen Fällen werden Sie sich auch dafür entscheiden. Doch bedenken Sie: Sie können dann vielleicht über die Auswertung von Logfiles die Herkunft der Interessenten feststellen, durch die Abfrage von Informationen über einen Autoresponder erhalten Sie jedoch eine gültige Mail-Adresse, die für Ihre Marketing-Tätigkeit ungleich interessanter ist als die IP-Adresse eines Website-Besuchers.
Ein weiterer Vorteil liegt darin, daß der Text einer Autoresponder-Nachricht in der Regel einfacher zu aktualisieren ist als der Text auf der Website.

Was für Autoresponder spricht:

- Einlangende Mails werden automatisch und prompt beantwortet. Sie gewinnen Zeit für eine individuelle Bearbeitung von Anfragen.
- Sie brauchen für die Verwendung eines Autoresponders nicht unbedingt einen Webauftritt: die Angabe der Mail-Adresse des Autoresponders auf der Geschäftskorrespondenz und in Anzeigen reicht, damit potentielle Interessenten die Informationen abrufen können.
- Ein Autoresponder kann bei einem entsprechenden Dienstleister in kurzer Zeit eingerichtet werden. Der Betrieb läuft vollautomatisch ohne Ihr Zutun ab.
- Autoresponder sind im Bereich E-Mail-Kommunikation ein kostengünstiges, aber mächtiges Instrument zur Versorgung der Kunden mit Informationen.

Sollten Sie den Autoresponder dazu einsetzen, dem Absender eine Empfangsbestätigung zukommen zu lassen, bevor Sie seine Anfrage individuell beantworten, so ist es unbedingt notwendig, einen ausführlichen Hinweis anzubringen, daß es sich um eine automatisch versandte Antwort handelt und daß Sie so schnell wie möglich antworten werden.
Bei Verwendung des Autoresponders als automatisierten Info-Pool (Preislisten, AGB etc.) ist es ebenfalls wichtig, einleitend noch einmal darauf hinzuweisen, daß es sich um eine Autoresponder-Nachricht handelt. Geben Sie auf jeden Fall eine »reale« E-Mail-Adresse an, an die sich der Interessent bei weiteren Fragen wenden kann.
Der Versand einer Nachricht per Autoresponder-Funktion enthebt Sie allerdings nicht diverser »Pflichten«, denen Sie bei der Verwendung von E-Mail als Marketinginstrument, aber auch im normalen Mailverkehr, gerecht werden sollten:

- Formulieren Sie den Text Ihres Autoresponders freundlich und in verbindlichem Ton.
- Fordern Sie den Empfänger auf, Ihre Website zu besuchen, Ihnen eine E-Mail zu schicken, mehr Informationen anzufordern, Ihr Geschäft zu besuchen, Ihre Info-Hotline anzurufen ...
- Fügen Sie nützliche »Gimmicks« in Ihre Botschaft ein: Fordert jemand Ihre aktuelle Preisliste an, so können Sie mit dem Gewünschten auch noch »10 Tips für den richtigen Einsatz von Produkt ABC« mitsenden.
- Achten Sie auch beim Text des Autoresponders auf korrekte Rechtschreibung und Grammatik.

- Auch für die Autoresponder-Mail gelten dieselben Formatierregeln, wie wir sie im Abschnitt über Newsletter beschrieben haben.
- Wichtig: Lesen Sie die Nachrichten, die an die Adresse Ihres Autoresponders gesendet werden. Nicht jeder Mensch versteht auf Anhieb, daß am anderen Ende ein »Robot« arbeitet, und so schreiben manche ihre Botschaften in den Body der Autoresponder-Anforderung. Lesen Sie diese Botschaften und beantworten Sie sie gegebenenfalls. Das Risiko, einen potentiellen Kunden zu verärgern, kann so ausgeschaltet werden – und vielleicht machen Sie ja das Geschäft Ihres Lebens!

6 | Usenet und Newsgroups

Das Usenet ist jener Bereich des Internet, in dem sich in Tausenden Newsgroups Menschen rund um den Globus über alles und jedes unterhalten. Die meisten Newsgroups des Usenet sind öffentlich zugänglich. Jeder, der über einen Internet-Service-Provider oder über einen Online-Dienst Zugang zu einem Newsserver hat, kann mitlesen und sich an Diskussionen beteiligen.
In Newsgroups wird buchstäblich jedes Thema vom Computerproblem über Heimwerker-Probleme bis hin zu aktuellen politischen Ereignissen abgehandelt. Dabei hat jede Gruppe ihren ganz speziellen Charakter. In den meisten Gruppen wird ernsthaft diskutiert, in anderen wieder hauptsächlich geblödelt. In seltenen Fällen gibt es auch moderierte Newsgroups. Dort achtet ein Moderator auf den Verlauf der Diskussionen.
Wer sich aufmerksam im Usenet bewegt, der wird bald feststellen, daß hier die Netiquette hoch im Kurs steht. Im Usenet findet man jenen Geist vor, der das Internet in seinen Anfängen geprägt hat: eine bestimmte Art des Zusammengehörigkeitgefühls, des Miteinander. Und sehr viele engagierte Teilnehmer setzen sich dafür ein, daß diese Kommunikationskultur erhalten bleibt.
Die folgenden Ausführungen verstehen sich als Einführung in das sehr komplexe Thema Usenet und Newsgroups. Für den Einstieg mag dies genügen, für eine intensivere Beschäftigung lege ich Ihnen das Buch

Elmar K. Bins & Boris-A. Piwinger
Newsgroups. Weltweit diskutieren. Bonn, Albany, Belmont, Boston u. a. 1997

ans Herz. Dieses Standardwerk behandelt alle Aspekte des Usenet äußerst detailliert.

6.1 Technische Grundlagen

Die Artikel (Postings) werden auf Newsserver geschickt, die diese im Schneeballprinzip an alle anderen Newsserver weltweit weitergeben. Um Newsgroups zu lesen und Beiträge zu schreiben, kann man sich der in den herkömmlichen Browsern integrierten Newsreader-Funktionen bedienen. Dies wird reichen, wenn man hin und wieder mitliest und vielleicht hin und wieder postet. Wer jedoch viele Gruppen abonniert und selbst viel mitdiskutiert, wird wohl über kurz oder lang auf einen »echten« Newsreader zurückgreifen. Ein Newsreader ist eine Software, mit der Newsgroups abonniert, die Beiträge gelesen und eigene Beiträge verfaßt werden können. Die Standardprodukte sind der *Forté Agent* (http://www.esser.com/) und *MicroPlanet Gravity* (http://www. microplanet.com/) für PC oder *MacSoup* für den Apple (http://www.fuest.de/smi/ausstattung.html).

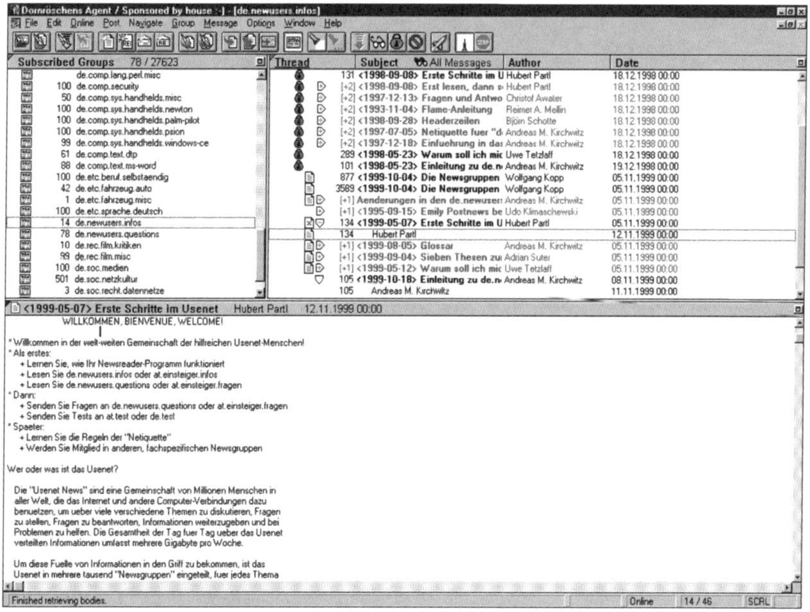

Abbildung 36: Der Newsreader Forté Agent

6.2 Das erste Posting

Worauf im Abschnitt über die Diskussionslisten bereits hingewiesen wurde, das gilt auch für das Usenet: Bevor Sie Ihren ersten Artikel posten, lesen Sie eine Zeitlang die von Ihnen abonnierten Gruppen mit, um einen Eindruck von den Umgangsformen und der Diskussionskultur zu gewinnen.

Bevor Sie Ihren ersten Beitrag an eine Newsgroup absenden, sollten Sie ein Test-Posting senden, und zwar in die eigens für diesen Zweck eingerichteten Newsgroups »de.test«, »at.test« oder »ch.test«. Das ist deshalb sinnvoll, weil man durch Posten in diese Gruppen einen speziellen Service in Anspruch nehmen kann: den Reflektor. Nachdem man ein Posting an eine Testgruppe gesendet hat, erhält man Mails von sogenannten Reflektoren, aus denen man ablesen kann, welchen Weg das Posting genommen hat. Auf diese Weise kann festgestellt werden, ob das Posting über den Newsserver Ihres Providers hinaus auch andere Server erreicht und die weltweite Verteilung gewährleistet ist. Weiters kann man überprüfen, ob das Posting die richtige Formatierung aufweist und ob der Newsreader richtig konfiguriert ist.

6.3 Wo finde ich ein Verzeichnis von Newsgroups?

Auf jedem Newsserver werden Tausende von Gruppen zur Verfügung gestellt. Eine Gesamtliste kann mit dem jeweiligen Newsreader abgerufen werden. Sie können sich aber auch in *Deja.com* (http://www.deja.com/), der größten Suchmaschine für Newsgroup-Artikel, auf eine erste Recherche-Tour begeben.

Ein Verzeichnis von Newsgroups der ».de«-Hierarchie finden Sie auf *http://www.kirchwitz.de/~amk/dni/de-newsgruppen*; für Gruppen der ».at«-Hierchie können Sie auf *http://www.usenet.at/checkgroups* nachlesen.

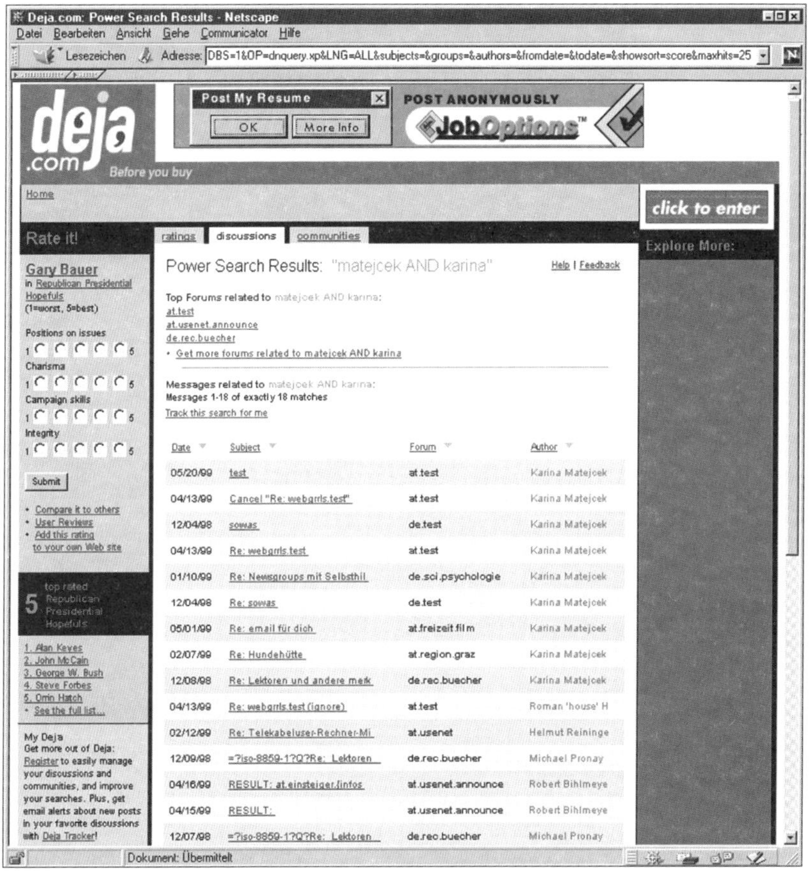

Abbildung 37: Deja.com, die größte Suchmaschine für Newsgroups – http://www.deja.com/

6.4 Einrichtung von neuen Newsgroups

Die Einrichtung von neuen Gruppen folgt einem festgelegten Verfahren. Nach dem RfD – Request for Discussion – folgt eine Phase der Diskussion, und nach dem CfV – Call for Votes – wird abgestimmt. Dieses demokratische Verfahren verhindert das willkürliche Einrichten von Gruppen und gewährleistet, daß eine Gruppe nur nach einer Diskussion über den Bedarf und den Inhalt entsteht. Über diese Verfahren können Sie sich auf einschlägigen FAQs informieren. – Hinweise zum Gebrauch des Usenet und zu den dort geltenden Regeln werden in Form von FAQs regelmäßig in der deutschen Newsgroup **news:de.newusers.infos** veröffentlicht.

6.5 Kleines Usenet-Lexikon

Mit den folgenden Begriffen wird man recht schnell konfrontiert, wenn man sich im Usenet aufhält. Ihre Bedeutung zu kennen, erleichtert den Einstieg.

Binaries

Bilder, Sound- oder Programmdateien sind nicht als Text kodiert, sondern in Form von Binärdaten. Solche Binärdaten sollte man nur in dafür vorgesehene Newsgroups (z. B. alt.binaries.pictures.*, alt.binaries.sounds.*) posten, außer man legt es auf Konfrontation an.

Canceln

Das Löschen von Beiträgen. Jeder kann Beiträge, die er selbst geschickt hat, mithilfe einer bestimmten Funktion im Newsreader wieder löschen. Das Entfernen von Beiträgen anderer (Fremdcanceln) ist im Prinzip nicht erlaubt. (Zu Spam-Cancel gibt es eigene Regelungen; Spam ist die Bezeichnung für unerwünschte Werbung per E-Mail.)

Crossposting

Das Verschicken von Postings über mehrere Gruppen hinweg. Sollte nur sehr sparsam eingesetzt werden.

DAU

Dümmster anzunehmender User. Dieser wird nur noch vom Super-DAU übertroffen. DAUs zeichnen sich meist durch Verstocktheit und Uneinsichtigkeit aus und werden von der Usenet-Community entsprechend behandelt. So mancher DAU wird allerdings nach einiger Zeit des Widerstandes selbst zum härtesten Verteidiger der Usenet-Prinzipien.

FAQ

Frequently Asked Question bzw. die Antwort darauf.

Hierarchie

Wie URLs bestehen auch Namen von Newsgroups aus mehreren Teilen, aus denen man Länderinformation und Diskussionsinhalt ablesen kann, z. B. »at.verkehr.strasse« – eine österreichische Newsgroup, die sich dem Thema Verkehr, im speziellen dem Straßenverkehr widmet; »de.newusers.infos« – eine deutsche Gruppe, in der Neulinge im Usenet Informationen erhalten.

Newbie

Nicht böse gemeinte Bezeichnung für »Neuling«.

Newsreader (auch News-Client)

Die Software, mit der man Newsgroup-Beiträge liest und schreibt.

Newsserver

Server beim Provider (oder Online-Dienst), von dem News abgerufen werden können bzw. der Beiträge, die auf ihm einlangen, an andere Newsserver verteilt.

Postings

Die Beiträge in Newsgroups. Diese sollten auf jeden Fall in reinem Text verfaßt werden, auf keinen Fall in HTML. Das kann im Browser/Newsreader in den Voreinstellungen festgelegt werden.

Quoten/Zitieren

Beim Antworten auf ein Posting sollte man nur jene Teile zitieren, auf die man sich bezieht. Das Zitieren, auch Quoten genannt, erfolgt unter Verwendung von Quotezeichen (üblicherweise »>«) am Anfang der Zeile. Weiters sollten die eigenen Kommentare immer nach dem zitierten Text oder der zitierten Passage stehen, niemals davor.

Realname

Es gehört zum guten Ton, seinen (!) realen Namen anzugeben. Ausnahmen gelten nur für bestimmte Gruppen, in denen aus Datenschutzgründen die Anonymität vorgezogen wird.

Sig(nature)

Das »Anhängsel«, die Signatur, am Ende des Postings. Sollte nicht länger als vier Zeilen sein und mit »Minuszeichen – Minuszeichen – Leerzeichen« vom Body abgetrennt werden. Sogenannte Visitenkarten, wie sie von manchen Programmen angefügt werden, sollten nicht verwendet werden.

Thread

Englisch für »Faden«. Ein Diskussionsfaden, der von den Teilnehmern auch eingehalten werden sollte, indem »Follow-up«-Postings geschickt werden. So bleibt der Diskussionsverlauf immer nachvollziehbar.

6.6 Marketing in Newsgroups

Newsgroups sind eine ganz spezielle Form der Kommunikation im Internet, die sich erst nach intensiver Beschäftigung für Marketingaktivitäten erschließt. Allein die Fülle an Gruppen – weltweit gibt es Zehntausende Newsgroups – erzeugt eine gewisse Unübersichtlichkeit. Hier einen Überblick zu gewinnen, erfordert Zeit und Aufmerksamkeit. Ein Ausschnitt aus der Liste deutschsprachiger Gruppen zeigt die Vielfalt an Themen, die in Newsgroups behandelt werden:

Top-Level-Hierachie rec = recreation (Freizeit)

de.rec.buecher

de.rec.garten
de.rec.heimwerken
de.rec.motorrad
de.rec.sport.fussball
de.rec.tanz
de.rec.tiere.katzen

Top-Level-Hierachie soc = social (soziale Themen)

de.soc.arbeit
de.soc.kultur
de.soc.medien
de.soc.netzkultur
de.soc.senioren
de.soc.umwelt
de.soc.verkehr

Top-Level-Hierarchie comp = Computer(systeme)

de.comp.audio
de.comp.cad
de.comp.graphik
de.comp.lang.javascript
de.comp.ms-windows.misc
de.comp.text.dtp
de.comp.tv+video

In Hunderten deutschsprachigen Gruppen bleibt kaum ein Thema unberücksichtigt, und wenn Sie über die Sprachgrenze hinausgehen, werden Sie aus Tausenden Gruppen wählen können (mein Provider stellt auf seinem Newsserver mit Stand November 1999 ca. 28.000 Newsgroups zur Verfügung).

Für das Online-Marketing können Newsgroups auf verschiedene Art und Weise interessant sein:

- Sie können Ihr fachliches Wissen zur Verfügung stellen, um Fragen zu beantworten und bei der Problemlösung zu helfen. Die Verwendung Ihrer Signatur (Achtung: maximal vier Zeilen) wird in diesem Falle als zusätzliches Transportmittel für Ihre Marketingbotschaft wirken können.
- Sie können im Usenet Marktforschung betreiben. Mit einigem Gespür

werden Sie auf die unterschiedlichsten Zielgruppen stoßen und allein beim Mitlesen interessante Informationen über Kundenbedürfnisse, Probleme mit Produkten und über die Konkurrenz erhalten.

- Als dritte Möglichkeit bleibt Ihnen auch noch die Einrichtung einer eigenen Newsgroup oder eigener Gruppen über einen eigenen Server. Dies wird unter Umständen für die Business-to-Business-Kommunikation und den Kundensupport interessant sein.

Für direkte Marketingmaßnahmen in Form von Produktwerbung oder sonstige kommerziell orientierte Aktivitäten sind Newsgroups allerdings nicht geeignet. Bis auf wenige Ausnahmen – Gruppen, die speziell für kommerzielle Ankündigungen in Form von Kleinanzeigen eingerichtet wurden – werden Sie herbe Kritik ernten, wenn Sie im Usenet aktives Marketing betreiben.

Wenn Sie Information statt Werbung bieten und damit das Vertrauen der Usenet-Gemeinde gewinnen, kann das aber positiv auf Ihr Image wirken, und Sie werden viele interessierte Besucher auf Ihre Website holen können.

7 Foren, Gästebücher, Formulare auf der Website

Dieses Buch befaßt sich mit den Möglichkeiten von E-Mail im Marketing-Einsatz. Wir haben Newsletter, Diskussionslisten, Autoresponder und die Newsgroups im Usenet kennengelernt. Einige andere Möglichkeiten des Online-Marketing in einem engeren Zusammenhang mit Ihrem Webauftritt sollen das Bild ergänzen und Ihnen zeigen, wie Sie durch den Einbau mehr oder weniger einfacher Tools in Ihren Webauftritt zur Interaktion mit dem Kunden und damit zur Kundenbindung beitragen können. – Die Rede ist von Foren, Gästebüchern und Feedbackformularen.

7.1 Technische Grundlagen

Diese Tools basieren in den meisten Fällen auf CGI-Scripts (CGI = Common Gateway Interface – allgemeine Datenaustausch-Schnittstelle).
CGI-Scripts sind (meist kleine) Programme, die fast immer in der Programmiersprache Perl, seltener in C und C++ geschrieben wurden. Diese Programme werden direkt auf dem Webserver installiert, wo auch die Dateien liegen, aus denen Ihre Website zusammengesetzt ist.
Bei der Gestaltung eines Webauftritts werden Sie um den Gebrauch von CGI-Scripts nicht herumkommen. Um diese einsetzen zu können, bedarf es allerdings einiger technischer Grundlagen, die im Vorfeld der Website-Erstellung abgeklärt werden sollten: So muß der verwendete Webspace per FTP (File Transfer Protocol, wichtig zum Hinaufladen der Dateien, aus denen sich Ihre Website zusammensetzt) erreichbar sein, und der Provider muß die technischen Möglichkeiten zur Verwendung von CGI-Scripts bieten. Weiters sollten Sie sich rechtzeitig erkundigen, mit welchem Betriebssystem der Webserver läuft (UNIX, Windows etc.), denn oft sind Skripte nur für eines dieser Systeme ausgelegt.

7.2 Kosten und Ressourcen

Einfachere Skripte sind auch für den kommerziellen Einsatz meist kostenlos erhältlich. Weiterentwickelte Skripte mit komfortablerer Bedienung oder für spezielle Zwecke programmierte CGIs sind bereits ab wenigen Dollars aus dem Internet herunterzuladen.
Die wohl größte Fundgrube für CGI-Scripts aller Art ist der *»cgi-resource-index«* (http://www.resourceindex.com/). Neben Tips rund um CGI, FAQs und Buchtips findet sich hier ein Verzeichnis von rund 2500 Scripts für die unterschiedlichsten Einsatzzwecke und Plattformen.

7.3 Die beliebtesten Einsatzmöglichkeiten von CGI-Skripten

Feedback-Formulare

Diese sind unentbehrlich für jede Website. Den Besuchern wird damit die Möglichkeit geboten, Ihnen auf Basis von E-Mail-Technologie direkt aus Ihrer Website heraus eine Nachricht zu schicken. In Verbindung mit sogenannten Check-Boxes, kleinen Kästchen zum Anhaken oder Ankreuzen, können Sie aus Feedback-Formularen komplexe Bestellformulare für Newsletter, gedruckte Broschüren oder Kataloge machen.
Das Feedback-Script übernimmt dabei die Aufgabe, die vom Kunden eingegebenen Daten an eine von Ihnen definierte Mail-Adresse zu senden und in der Folge zum Beispiel die Routine einer Newsletteranmeldung ablaufen zu lassen.

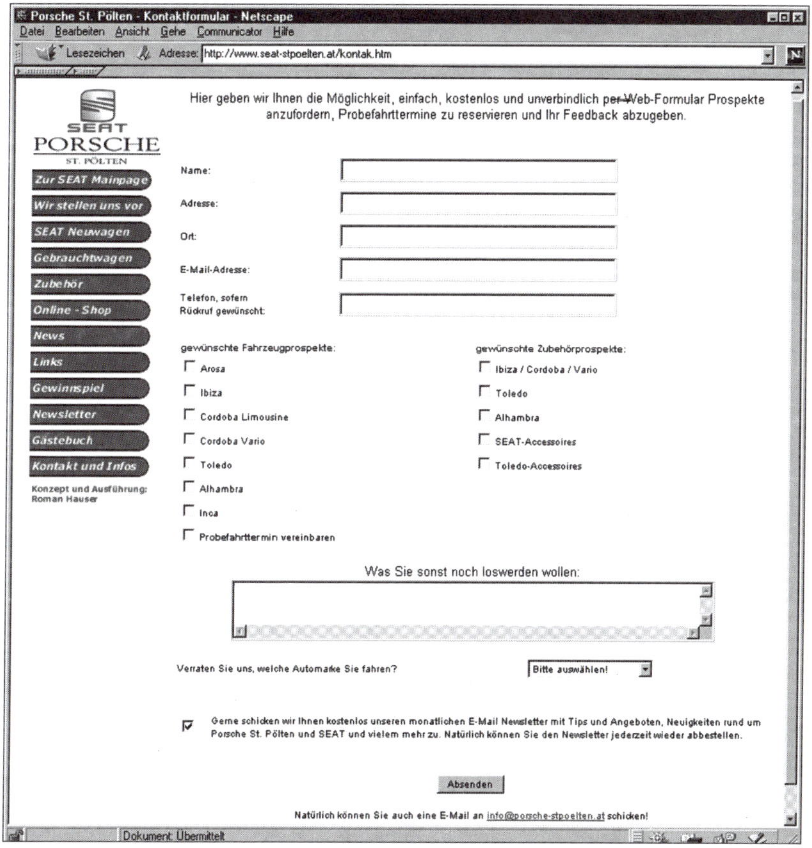

Abbildung 38: Feedbackformular

Gästebuch

Online-Gästebücher sind eine beliebte Form, Besuchern der Website die Möglichkeit zum Feedback zu geben. Bei komplexeren Gästebüchern ist die Wartung über ein Web-Interface möglich, mit dem unerwünschte Einträge entfernt werden können. Vielfach bieten Gästebücher die Option einer Benachrichtigung per E-Mail, wenn sich jemand eingetragen hat.
Die Installation eines Gästebuchs ist nicht ganz so einfach wie die eines Webformulars, Grundkenntnisse der Websites-Programmierung sind dafür auf jeden Fall nötig.

Achtung: Gästebücher bergen diverse Gefahren, die Sie nicht unbeachtet lassen sollten. So werden sich vielleicht nicht alle Besucher positiv über Ihre Website oder Ihre Produkte äußern – was solange kein Problem ist, solange sich die Kritik in einem gewissen Rahmen bewegt. Es kann aber passieren, daß das Gästebuch im Krisenfall zu einem Abreaktionswerkzeug für Besucher wird. Behalten Sie Ihr Gästebuch also immer im Auge.

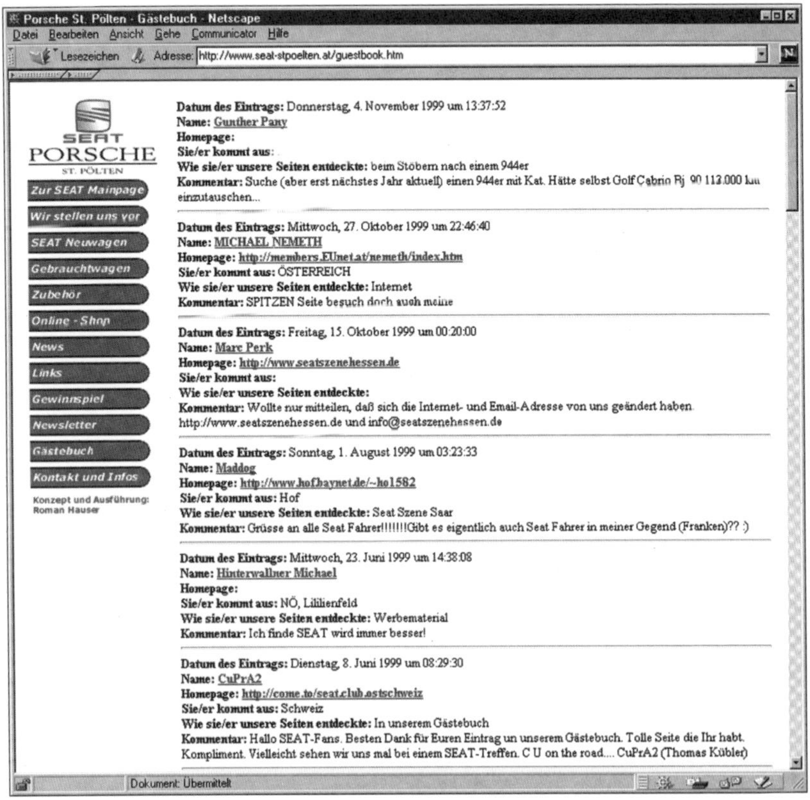

Abbildung 39: Gästebuch

Diskussionsforen

Wenn Sie »Newsgroups« oder »Schwarze Bretter« auf Ihrer Website anbieten möchten, dann werden Sie ebenfalls auf CGI-Skripte zurückgreifen. Die Einbindung ist aufgrund höherer Komplexität schon etwas aufwendiger. Foren zeigen meist eine Übersicht der Themen und den Verlauf des Diskussionsfadens (Threads) in Form einer hierarchischen Struktur an.

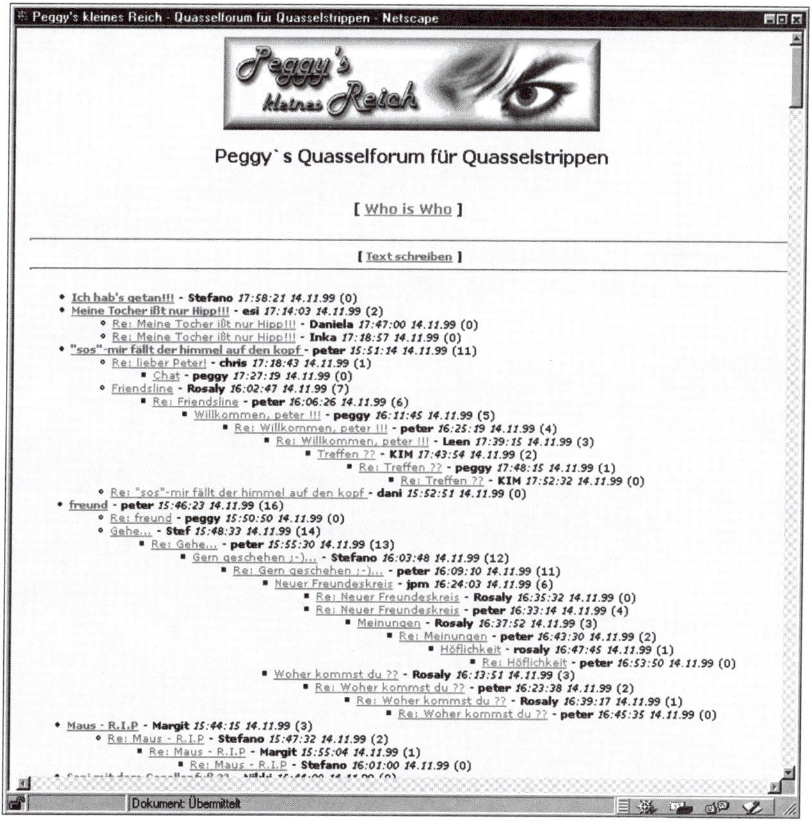

Abbildung 40: Online-Forum – die Diskussionsfäden sind gut zu erkennen – http://www.peggy.nwy.at

Weitere Einsatzmöglichkeiten für CGI-Skripte sind: Online-Counter, Auktionen, Spiele, Chatforen, Mailinglisten-Management, Paßwortschutz oder E-Mail-Postkartenversand.

Bei allen gängigen Scripts wie Feedbackformularen, Foren, Counters, Gästebüchern und Chats gibt es die Möglichkeit, auf Angebote der unterschiedlichsten Webservices zurückzugreifen, die meist sehr leicht in die eigene Homepage eingebunden werden können. Dies ist allerdings für professionelle Websites nicht zu empfehlen, da es neben Werbeeinblendungen auch zu langen Ladezeiten kommt und außerdem die Server, auf denen die Skripte liegen, nicht immer einwandfrei arbeiten.
Viele Provider, die Webspace vermieten, bieten jedoch zusätzlich Standardskripte wie Counter, Gästebuch und Forum an und unterstützen Sie auch bei der Einrichtung derselben auf Ihrer Website.

Die Vorteile von Gästebüchern und Online-Foren

- Die Besucher Ihrer Seiten können sich spontan äußern, ohne Ihre Website zu verlassen.
- Sie erhalten direktes Feedback zu Ihrem Angebot.
- Über Foren kann eine »Community«, eine Gemeinde von Usern entstehen.
- Gut besuchte Foren zeugen von Interesse an Ihrem Angebot, was sich positiv auf Ihr Image auswirkt.
- Foren sind rund um die Uhr erreichbar.

Die Nachteile von Gästebüchern und Online-Foren

- Negative Äußerungen über Ihre Website oder Ihr Angebot sind für Besucher aus aller Welt sichtbar dokumentiert.
- Sie müssen Forum und Gästebuch regelmäßig durchsehen und eventuell Beiträge löschen.

→ Tip

Informationen zum Thema CGI-Skripte gibt es auch im Usenet:

englischsprachig:

comp.infosystems.www.authoring.cgi
comp.lang.perl.*

deutschsprachig:

de.comm.infosystems.www.authoring.cgi
de.comp.lang.perl.cgi

Exkurs | Pressearbeit online

Ihr Webauftritt kann, wie wir bereits eingangs erwähnt haben, auch im Rahmen Ihrer Presse- und Öffentlichkeitsarbeit eine wichtige Rolle spielen. So können Sie einen Bereich Ihrer Webpräsenz der Veröffentlichung von Pressemitteilungen widmen, die Sie an Journalisten und Interessenten versenden oder per Fax an diese übermitteln.
Der Vorteil einer »Presse-Area« auf Ihrer Website: Sie können zurückliegende Meldungen in einem Archiv sammeln und auf diese Weise Unterlagen zur Recherche von Daten über Ihr Unternehmen zur Verfügung stellen. Weiters ist es auch möglich, Bilder von Mitarbeitern Ihres Unternehmens, Abbildungen von Produkten sowie Folder zum Download anzubieten. Aber auch Geschäftsberichte und Imagebroschüren finden in der Presse-Area ihren Platz.
Ein anderer wesentlicher Punkt ist, daß nicht nur Angehörige der Presse, sondern jeder Surfer Einblick in Ihre Öffentlichkeitsarbeit nehmen kann, was im Sinne der Unternehmenskommunikation durchaus interessante Aspekte bietet.
Der Pressebereich auf Ihrer Website wird also folgende Rubriken enthalten:

- aktuelle Pressemitteilungen
- Archiv früherer Aussendungen
- Materialien zur Firmengeschichte
- »Facts & Figures«
- Fotos von Mitarbeitern des Unternehmens
- Unternehmenslogo(s)
- Abbildungen von Produkten
- Folder
- Geschäftsberichte
- Terminkalender, Veranstaltungshinweise
- Pressemeldungen über das Unternehmen
- Angaben zu Ansprechpartnern im Unternehmen, mit Telefon- und Faxnummer sowie mit E-Mail-Adresse

Achten Sie darauf, sämtliche Materialien, die Sie zum Download anbieten, in reproduktionsfähiger Qualität auf die Website zu stellen. Bei Texten eignen sich Dateiformate, die zu *Winword* kompatibel sind, Folder und Broschüren können auch als PDF-Dateien angeboten werden.
Last but not least kann eine Presse-Area zur Interaktion auffordern. Dies wird in der Regel über ein Web-Formular erfolgen, mit dem Journalisten und Interessenten um die Aufnahme in Ihren Presseverteiler ersuchen. Über den Presseverteiler können dann verschiedene Informationsmaterialien angefordert oder Anfragen an Sie gerichtet werden.
Ihre Online-Presse-Area ist üblicherweise für jeden zugänglich. Unter Umständen kann es aber sein, daß Sie den Zugang zu Ihren Presseinformationen bewußt auf Mitarbeiter der Presse beschränken wollen. Zu diesem Zwecke können Sie einen paßwortgeschützten Bereich einrichten und vor Vergabe des Logins und des Paßwortes über ein Formular Daten zur Identität des Interessenten erheben (z. B. Nummer des Presseausweises, Angabe des Mediums).

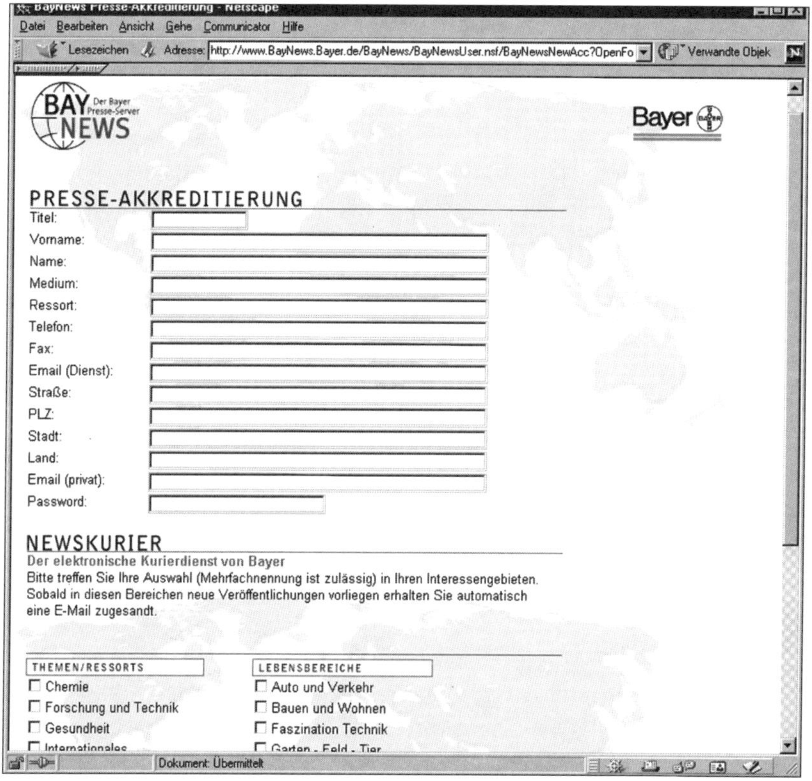

Abbildung 41: Presse-Akkreditierung bei der BAYER AG – http://www.bayer.de/

Ein möglicher Bestandteil Ihrer Online-Pressearbeit und Ihrer Maßnahmen im Bereich Public Relations ist natürlich, Ihre Presseaussendungen per E-Mail durchzuführen. Den Versand können Sie entweder über einen Verteiler aus Ihrem Mail-Programm vornehmen, in vielen Fällen wird sich aber auch die Einrichtung einer Mailingliste anbieten. Journalisten können sich dann direkt auf der Website über ein Formular in den Verteiler eintragen.

Die Vorteile von Presseaussendungen per E-Mail:

- Der Versand ist sehr kostengünstig.
- Sie können Neuigkeiten ad hoc versenden, was im Rahmen Ihrer Public Relations vonnöten sein kann (Krisen-PR).
- Sie können kostengünstig an (Presse-)Termine erinnern, zu denen Sie schon einige Zeit vorher die Einladungen verschickt haben.
- Sie erreichen damit auch Online-Magazine und Newsletter-Dienste und nicht nur Print-Medien.
- Die Empfänger können Ihre Aussendung gleich direkt in ihrem PC verarbeiten.

Sie sollten sich aber auf jeden Fall vorab erkundigen, ob der betreffende Journalist Ihre Aussendungen lieber per Post, per Fax oder per E-Mail bekommen möchte.
Für die »technische« Gestaltung der Meldungen per E-Mail gelten dieselben Regeln wie für Newsletter und Diskussionslisten. Die formale Gestaltung wird sich an die herkömmliche, bewährte Form von Presseaussendungen anlehnen.

Die Gestaltung einer Presseaussendung

Eine Pressemitteilung, die sich für den Versand per E-Mail eignet, kann folgendermaßen aufgebaut werden:

- Hinweis »Pressemitteilung«
- aussagekräftige Überschrift, die im Betreff der Mail wiederholt wird
- kurzer Vorspann
- Hauptteil: *wer - was - wann - wo - wie - warum*
  - Basisinformationen
  - Detailinformationen
- Informationen über das Unternehmen
- Angaben zu Ansprechpartnern und zur Möglichkeit, weitere Informationen einzuholen: E-Mail-Adressen und Adresse der Website nicht vergessen!

Für die sprachliche Gestaltung gilt dasselbe wie bereits auf Seite 129 f. ausgeführt: kurze Sätze und eine aktive Sprache machen Ihren Text leicht lesbar und verständlich.

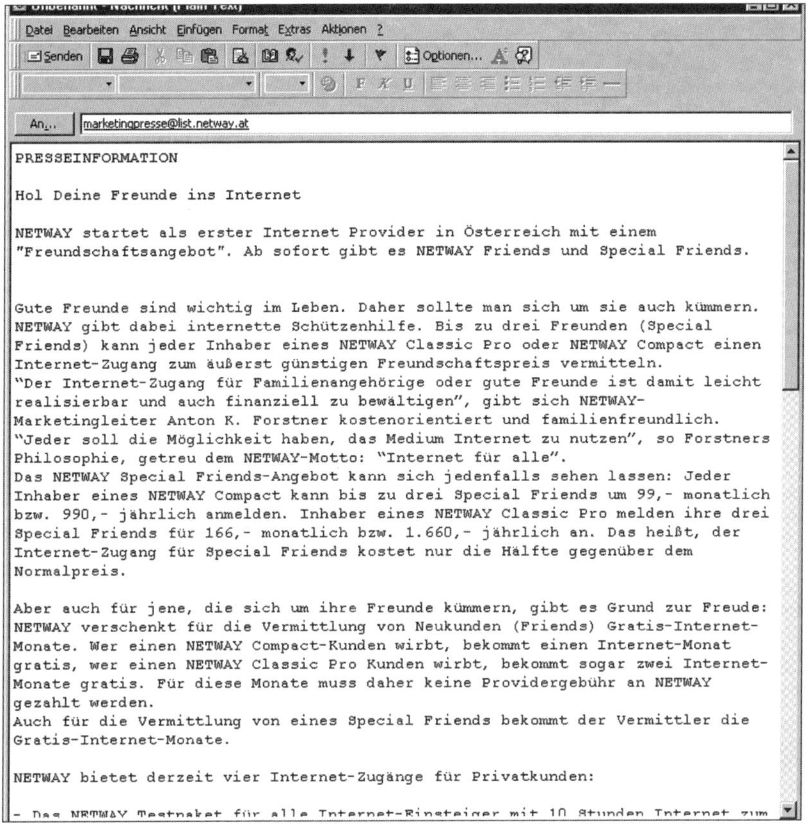

An... marketingpresse@list.netway.at

PRESSEINFORMATION

Hol Deine Freunde ins Internet

NETWAY startet als erster Internet Provider in Österreich mit einem "Freundschaftsangebot". Ab sofort gibt es NETWAY Friends und Special Friends.

Gute Freunde sind wichtig im Leben. Daher sollte man sich um sie auch kümmern. NETWAY gibt dabei internette Schützenhilfe. Bis zu drei Freunden (Special Friends) kann jeder Inhaber eines NETWAY Classic Pro oder NETWAY Compact einen Internet-Zugang zum äußerst günstigen Freundschaftspreis vermitteln.
"Der Internet-Zugang für Familienangehörige oder gute Freunde ist damit leicht realisierbar und auch finanziell zu bewältigen", gibt sich NETWAY-Marketingleiter Anton K. Forstner kostenorientiert und familienfreundlich.
"Jeder soll die Möglichkeit haben, das Medium Internet zu nutzen", so Forstners Philosophie, getreu dem NETWAY-Motto: "Internet für alle".
Das NETWAY Special Friends-Angebot kann sich jedenfalls sehen lassen: Jeder Inhaber eines NETWAY Compact kann bis zu drei Special Friends um 99,- monatlich bzw. 990,- jährlich anmelden. Inhaber eines NETWAY Classic Pro melden ihre drei Special Friends für 166,- monatlich bzw. 1.660,- jährlich an. Das heißt, der Internet-Zugang für Special Friends kostet nur die Hälfte gegenüber dem Normalpreis.

Aber auch für jene, die sich um ihre Freunde kümmern, gibt es Grund zur Freude: NETWAY verschenkt für die Vermittlung von Neukunden (Friends) Gratis-Internet-Monate. Wer einen NETWAY Compact-Kunden wirbt, bekommt einen Internet-Monat gratis, wer einen NETWAY Classic Pro Kunden wirbt, bekommt sogar zwei Internet-Monate gratis. Für diese Monate muss daher keine Providergebühr an NETWAY gezahlt werden.
Auch für die Vermittlung von eines Special Friends bekommt der Vermittler die Gratis-Internet-Monate.

NETWAY bietet derzeit vier Internet-Zugänge für Privatkunden:

- Das NETWAY Testpaket für alle Internet-Einsteiger mit 10 Stunden Internet zum

Abbildung 42: Presse-Aussendung per E-Mail, NETWAY AG – http://www.netway.at/

Tips zur Gestaltung Ihrer Online-Pressearbeit

- Falls Sie Ihren E-Mail-Versand über einen Verteiler aus Ihrem Mail-Programm tätigen, achten Sie unbedingt darauf, nicht sämtliche Mail-Adressen im »CC:«-Feld oder gar im »AN:«-Feld mitzuschicken. Die Gefahr, daß der Empfänger den Verteiler für seine Zwecke verwendet, ist ebenso gegeben, wie der Exklusivitätscharakter Ihrer Aussendung leidet.

- Wie im Kontakt mit Ihren Kunden ist es auch im Pressebereich unerläßlich, auf E-Mail-Anfragen innerhalb weniger Stunden, am besten innerhalb eines Tages, zu reagieren.
- Aktualisieren Sie den Pressebereich auf Ihrer Website regelmäßig, nehmen Sie veraltete Terminankündigungen heraus, und prüfen Sie hin und wieder, ob das Herunterladen von Texten und Bildern noch funktioniert.
- Überprüfen Sie Angaben zum Unternehmen und Mitarbeiterfotos, Produktabbildungen und Logos in regelmäßigen Abständen auf Aktualität.

8| Unverlangte Werbung per E-Mail (Spam)

Sie haben nun also einiges über die Möglichkeiten von E-Mail und E-Mail-Marketing erfahren. Voller Tatendrang richten Sie Ihre Mailingliste oder Ihren Newsletter ein, und in Ihrem Abonnentenverzeichnis stehen Tag für Tag mehr Mail-Adressen. – Nun könnten Sie auf die Idee kommen, an diese Adressen nicht nur Ihren Newsletter, sondern auch die eine oder andere E-Mail-Werbung zu verschicken. Oder gar Ihre Liste einem Dritten zur Verfügung zu stellen, damit er über Ihren Verteiler seine Werbebotschaften per Mail absetzen kann.
Nützen Sie diese auf den ersten Blick reizvolle Möglichkeit bloß nicht! Sie würden damit sowohl gegen die im virtuellen Raum geltende Netiquette verstoßen, als auch gegen (gesetzliche) Regelungen im »Real Life«.
Die elektronischen Wurfsendungen, allgemein als »Spam« bezeichnet, sind sowohl den Internetnutzern als auch den Providern ein Dorn im Auge, denn sie verstopfen die Leitungen und Füllen die Mailboxen mit unerwünschten Werbebotschaften.
»Spam« ist ursprünglich die Produktbezeichnung für das Dosenfleisch (Spiced Pork and Ham), das in einem Sketch der britischen Komikertruppe Monty Python im Mittelpunkt steht: Eine Kellnerin preist ihren Gästen die Auswahl an Speisen an – die zu einem großen Teil aus *Spam* besteht. Der Markenname *Spam* wurde zum Synonym für Werbung, die massenhaft auf Konsumenten losgelassen wird. Und auch im Internet hat sich der Begriff rasch durchgesetzt. »Spam« ist hier unerwünschte, massenhafte Werbung per E-Mail.
Es gibt zwei Arten von Spam: die unverlangte unpersönliche Massensendung (UBE – unsolicited bulk e-mail) und die unverlangte kommerzielle Werbe-E-Mail (UCE – unsolicited commercial e-mail).

Gründe für die Ablehnung dieser Art von Werbung:

- Spam-Mails belasten Leitungen und füllen Mail-Server trotz aller Spam-Filter.

- Das Herunterladen der Nachrichten geht zu Lasten des Empfängers (Onlinekosten, Zeit).
- Die persönliche Mailbox steht den meisten Usern näher als der reale Briefkasten. Spam wird somit von vielen als Verletzung der Privatsphäre betrachtet.
- Die User fühlen sich von Spam-Mails in die Falle gelockt. Spam ist vor allem für »Newbies« nicht auf den ersten Blick zu erkennen und lockt oft mit hochtrabenden Versprechungen. Wer dann Zeit fürs Lesen investiert, fühlt sich betrogen.

Es sind in erster Linie Unternehmen aus der Sex-, der Tourismus- und der dubiosen Finanzszene, die sich der Möglichkeit elektronischer Massensendungen bedienen. Sie verschicken ihre Mails an Millionen von Adressen gleichzeitig, die mittels spezieller Software aus den Postings im Usenet oder aus Websites herausgefiltert werden. Den Versand übernehmen spezielle Programme, die gleichzeitig Hunderttausende von Mails verschicken können. Und das zu unschlagbar geringen Kosten. Vielfach eröffnen die Spammer eigens Accounts, um ihre Sendung loszuschicken, und machen sich dann aus dem Staub. Den Schaden hat der Provider.

In Österreich ist die Zusendung von unerwünschten Massenmails seit Sommer 1999 gesetzlich verboten. Die Entscheidung wurde nach wochenlangen Diskussionen zwischen Verbraucherschützern, Regierung und Wirtschaft getroffen.

Das Spam-Verbot ist im § 1 Telekommunikationsgesetz festgelegt.

Das Zusenden von E-Mails in Form von Massensendungen zu Werbezwecken bedarf aufgrund dieser Regelung der ausdrücklichen Zustimmung des Adressaten (Opt-in-Verfahren). Wer gegen das Spam-Verbot verstößt, riskiert eine Geldstrafe von bis zu 500.000,- Schilling, das sind ca. 71.000,- DM.

In Deutschland ist durch einschlägige Gerichtsurteile festgestellt worden, daß die Zusendung unerwünschter E-Mails der Zusendung unerwünschter Faxwerbung gleichzusetzen ist, wonach dem Nutzer ein Unterlassungsanspruch zustehen kann. Ein solches Urteil kann unter http://www.netlaw.de/urteile/lgb_6.htm nachgelesen werden.

Der Deutsche Multimedia Verband (DMMV) setzt sich für ein »Opt-in«-Verfahren ein, das heißt, Werbemails dürfen nur an User versandt werden, die sich ausdrücklich mit der Zusendung einverstanden erklärt haben. Diese Position wird auch im Rahmen der Diskussion um die Richtlinie des Euro-

päischen Parlaments und des Rates vertreten. Der DMMV fordert diese »Opt-in«-Regelung für die gesamte EU.
In der Schweiz ist Werbung per E-Mail an die Zustimmung des Adressaten gebunden.

Im Umgang mit E-Mail zu Marketingzwecken sollten Sie folgenden wichtigen Punkt berücksichtigen:

E-Mail-Marketing ist Vertrauenssache!

Der Einsatz von E-Mail-Marketing ist nicht zu trennen von den Begriffen Ehrlichkeit und Vertrauen: Ehrlichkeit im Umgang mit Userdaten und Aufbau von Vertrauen in Ihre Intentionen. Je intensiver Sie E-Mail-Marketing in Ihre Online-Strategie einbinden möchten, umso mehr Daten werden Sie abfragen wollen oder müssen – und diese werden Sie nur dann erhalten, wenn der User Ihnen vertraut. Dieser Ansatz erfordert allerdings größtmögliche Transparenz – die in Form eines konsequenten Umgangs mit Kundendaten ihre Entsprechung finden kann:

- Entwickeln Sie Regeln für den Umgang mit Kundenangaben in Form einer Privacy Policy und veröffentlichen Sie diese deutlich sichtbar auf Ihrer Website. Auch im Impressum Ihres Newsletters oder sonstiger E-Mail-Publikationen kann ein Hinweis mit Link zur weiteren Vertrauensbildung beitragen.
- Gehen Sie mit User-Profilen sorgsam um. Schützen Sie diese durch Paßwörter und ermöglichen Sie dem User nach Möglichkeit, dieses Paßwort auch wieder zu verändern. Vermitteln Sie dem User das Gefühl, daß er über die Daten in seinem Profil eigenständig bestimmen und diese jederzeit ändern kann, und garantieren Sie ihm, daß seine Daten niemals einem Dritten zur Verfügung gestellt werden.
- Nehmen Sie nur dann Kontakt per E-Mail auf, wenn der User dem eindeutig zugestimmt hat. Erwähnen Sie nach Möglichkeit in Ihrer Aussendung, woher Sie die Daten haben. Erlauben Sie dem User auf jeden Fall, sich einfach und ohne umständliche Login-Vorgänge aus dem Verteiler auszutragen.

- Installieren Sie eine für den User ausgesprochen einfach zu bedienende Lösung, sich aus dem Verteiler auszutragen. Bieten Sie hier mehrere Möglichkeiten an: die Austragung per E-Mail, die Austragung durch Klick auf einen Link, der die Userdaten enthält, oder die Austragung per Online-Formular, in das der User lediglich seine E-Mail-Adresse einträgt.
- Geben Sie in jeder Ihrer E-Mail-Aussendungen eine Kontaktmöglichkeit an. Dies kann eine Mailadresse oder eine Telefonnummer sein. Idealerweise kann hier eine Kontaktperson auch namentlich genannt sein. Mit einer »realen« Person kommuniziert der User unter Umständen lieber als mit einer anonymen Office-Adresse, die überdies den Eindruck vermittelt, dahinter stünde ein Apparat, der die individuelle Beantwortung nur schwer ermöglicht. Und ein weiterer Vorteil der Angabe einer konkreten Person ist die Tatsache, daß Beschwerden etwas höflicher formuliert werden, als dies gegenüber anonymen Mailboxen wie »info« oder »office« oft geschieht.

Informationen zu Spam im Internet:

Dachverband der europäischen Anti Spam Initiativen –
European Coalition Against Unsolicited Commercial Email
http://www.euro.cauce.org/en/index.html

Verein für Internet-Benutzer Österreichs
http://www.vibe.at/

Initiative von c't und politik-digital: Stimm gegen Spam!
http://www.politik-digital.de/spam/de/hintergrund/

SIUG – Swiss Internet Users Group: Positionspapier zum Thema Spam
http://www.siug.ch/positionen/SIUG-Spam.shtml

9 | Online-Marketing: Was bringt die Zukunft?

Das Internet ist heute aus Alltag und Beruf nicht mehr wegzudenken. Unternehmen, Organisationen und Behörden nützen Infrastruktur und Dienste des Internet im Sinne effizienter Abläufe, zusätzlicher Vermarktungsmöglichkeiten oder der Schaffung bisher nicht dagewesener Produkte und Dienstleistungen. Der Einsatz von Online-Marketing ist unerläßlich, will man die User auf die Angebote aufmerksam machen oder Kunden finden und diese dann auch entsprechend an sich binden. Die Zukunft des Online-Marketing ist von folgenden Trends geprägt:

Das Internet und seine Dienste setzen sich im Alltag immer mehr durch.

Das Internet und seine Dienste nehmen im Alltag eine immer größere Bedeutung ein. Internetbanking, die Abwicklung von Behördenwegen oder Bestellungen im Online-Shop verlagern viele Tätigkeiten des alltäglichen Lebens ins Web. Die Kommunikation per E-Mail, traditionell die meistgenutzte Internet-Anwendung, wird bald so alltäglich sein wie die Nutzung von Telefon und Fax.

Die Leitungskapazitäten nehmen zu.

Der Ausbau der Infrastruktur führt zu einer Verstärkung der Leitungskapazitäten. Neue Technologien wie ADSL (Asymmetric Digital Subscriber Line) und Satellitenübertragung sorgen für eine massive Erhöhung der Bandbreiten, was wiederum dazu führt, daß große Datenmengen mit hoher Geschwindigkeit transportiert werden können. Damit werden attraktive Vertriebswege für Consumerprodukte wie Videos und Musikangebote geschaffen.

Medienunternehmen werden online verkaufen.

Medienunternehmen werden ihre Produkte online gegen Gebühren vertreiben. Der Download von Videos und Musikfiles, aber auch von Büchern und diversen textbezogenen Angeboten in elektronischer Form wird sich verstärkt durchsetzen.

Die Medien Internet und TV werden in vielen Bereichen zusammenwachsen.

Das TV-Gerät als Surfstation – die Verschmelzung der Medien ist bereits im Gange. Schon heute kann man über bestimmte Hardware das Internet auf sein Fernsehgerät holen und mit speziellen Zusatztastaturen zum TV-Gerät E-Mails versenden. Einfache Bedienbarkeit wird auch jene ins Internet holen, die sich bislang nicht mit dem PC auseinandergesetzt haben.

Der Versandhandel wird sich weiter entwickeln.

Der Online-Versandhandel wird sich nach Einführung allgemein verfügbarer sicherer Zahlungssysteme und der digitalen Signatur stark entwickeln. Innovative Logistiksysteme werden neue Zustell-Services ermöglichen, die man auch im Bereich der Nahversorgung (Lebensmittel) einsetzen wird.

Push-Technologien werden auch weiterhin von Bedeutung sein.

Die Informationsfülle ist für die meisten Internetnutzer kaum bewältigbar. Dienstleistungen, die Filtern und Vorsortieren, werden auch in Zukunft hoch im Kurs stehen.

Es entstehen immer mehr Dienste für Mobiltelefone.

Die Mobiltelefonie ist zu einem wesentlichen Bestandteil der Alltagskultur geworden. SMS, E-Mail und Surfen per Handy, Buchungs- und Bezahlvorgänge – unter dem Schlagwort M-Commerce werden neue Dienste aller Art entwickelt, die auch neue Möglichkeiten für Online-Marketing bieten.

Die Aufmerksamkeitsspannen werden noch kürzer.

Die Fähigkeiten des Menschen zur Aufnahme von Informationen sind begrenzt. Medien und Werbung kämpfen um unsere Aufmerksamkeit, was dazu führt, daß wir nach dem Motto »overnewsed but underinformed« vor der Fülle an Impulsen resignieren. Wer die interessanteren Informationen rascher bietet, wird mittelfristig den Sieg im Kampf um die Aufmerksamkeit der »Empfänger« davontragen.

Die Möglichkeiten des Online-Marketing werden zunehmen.

Die Entstehung neuer Plattformen und Technologien (WAP, WEB-TV, UMTS) verschafft dem Online-Marketing ständig neue Impulse. E-Mail wird an Bedeutung gewinnen, weil es sich immer mehr im privaten Bereich durchsetzt und weil gleichzeitig immer mehr Übertragungskanäle entstehen. Newsletter können mit dem PC, mit dem Notebook, dem Handheld, dem Palmtop und dem Handy abgerufen werden, und dies im Büro, zu Hause, im Internet-Café oder buchstäblich auf der Straße. Erinnerungsdienste, personalisierte Produkttips und News-Services sehen goldenen Zeiten entgegen. In Zeiten, in denen Geschwindigkeit alles ist, werden Premiumdienste gegen geringe Gebühr exklusiven – weil schnelleren – Zugang zu Informationen bieten. Vorausgesetzt, die Qualität stimmt, sind hier der Kreativität keine Grenzen gesetzt.

10 | Die Netiquette – Verhaltensregeln im Internet

Im Internet gibt es recht klare Regeln, was als gutes Benehmen gilt und was nicht. Diese Regeln sind in der sogenannten »Netiquette« zusammengefaßt. Es gibt mehrere Versionen der Netiquette, die sich aber in der Aussage nicht wesentlich unterscheiden. Die folgende Fassung wird einmal wöchentlich in der deutschsprachigen Newsgroup »de.newusers.infos« veröffentlicht. Sie bezieht sich zu einem großen Teil auf das Verhalten im Usenet, betrifft aber auch den Umgang im E-Mailverkehr im allgemeinen. Viele Regeln gelten auch in der Produktion von Newslettern und bei der Beteiligung an Diskussionslisten aller Art. Für die Gestaltung von Regeln für Diskussionslisten, für die Abfassung von Begrüßungsmails und für allgemeine Handlungsanleitungen in Chatrooms, auf Blackboards und in sonstigen Online-Medien ist die Netiquette ein wertvoller Ratgeber.

Die Netiquette

Die Netiquette soll Ihnen helfen, die Sitten und Gebräuche kennenzulernen, die sich im deutschsprachigen Teil des Usenet (den »de.*«-Newsgruppen) eingebürgert haben. So können Sie einige der häufigsten Stolpersteine vermeiden.

Es folgen einige Tips, wie man das Netz effizient und auch höflich zur Zufriedenheit aller benutzen kann (und sollte):

- Vergessen Sie niemals, daß auf der anderen Seite ein Mensch sitzt!
- Erst lesen, dann denken. Noch einmal lesen, noch einmal denken. Und dann erst posten!
- Teilen Sie etwas Neues mit!
- Ihre Artikel sprechen für Sie – seien Sie stolz auf sie!
- Nehmen Sie sich Zeit, wenn Sie einen Artikel schreiben!
- Vernachlässigen Sie nicht die Aufmachung Ihres Artikels!
- Achten Sie auf die »Subject«-Zeile!

- Denken Sie an die Leserschaft!
- Vorsicht mit Humor, Ironie und Sarkasmus!
- Kürzen Sie zitierten Text auf das notwendige Minimum!
- Benutzen Sie E-Mail!
- Geben Sie eine Sammlung Ihrer Erkenntnisse an das Netz weiter!
- Achten Sie auf die gesetzlichen Regelungen!
- Benutzen Sie Ihren wirklichen Namen, kein Pseudonym!
- Vorsicht mit Kommerziellem!
- Vorsicht mit Binaries und Multipart-Artikeln!
- »Du« oder »Sie«?

1. Vergessen Sie niemals, daß auf der anderen Seite ein Mensch sitzt!

Wenn sie ihre Artikel verfassen, denken viele Leute leider nicht daran, daß die Nachrichten nicht von Computern gelesen werden, sondern von anderen Menschen.
Ihre Nachricht kann nicht nur von Leuten im deutschsprachigen Raum gelesen werden, sondern auf der ganzen Welt. Lassen Sie sich also besser nicht zu verbalen Ausbrüchen hinreißen.
Bedenken Sie: Je ausfallender und unhöflicher Sie sich gebärden, desto weniger Leute sind bereit, Ihnen zu helfen, wenn Sie selbst einmal etwas brauchen.
Eine einfache Faustregel: Schreiben Sie nie etwas, was Sie dem Adressaten nicht auch vor anderen Leuten ins Gesicht sagen würden.

2. Erst lesen, dann denken, dann nochmal lesen, dann nochmal denken und *dann* erst posten!

Die Gefahr von Mißverständnissen ist bei einem schriftlichen Medium besonders hoch. Vergewissern Sie sich mehrmals, daß der Autor des Artikels, auf den Sie antworten wollen, auch das gemeint hat, was Sie denken. Insbesondere sollten Sie darauf achten, ob nicht vielleicht Ironie, Sarkasmus oder eine ähnliche Variante des Humors benutzt wurde, ohne ihn mit dem Smiley-Symbol »:-)« zu kennzeichnen.

3. Teilen Sie etwas Neues mit!

Ihr Artikel wird an ein Millionenpublikum weltweit verteilt. Teilen Sie daher etwas Neues mit, wenn Sie einen Artikel schreiben!
Machen Sie Ihren Standpunkt klar, und drücken Sie sich verständlich

aus. Durch schlüssige Argumentation können Sie von vornherein viele Mißverständnisse vermeiden.
Denken Sie aber daran, daß niemand gerne Artikel liest, die mehrere hundert Zeilen lang sind. Ihr Artikel sollte kurz und prägnant sein, jedoch ohne daß dabei das Verständnis auf der Strecke bleibt.
Wer eine Signatur unter seinem Artikel verwenden möchte, sollte dort etwas mitteilen, das noch nicht aus seinem Artikel oder dessen Header hervorgeht. Die Signatur sollte maximal 4 Zeilen lang sein.
Der sogenannte Footer ist im Usenet unüblich und unerwünscht. Man bezeichnet damit im allgemeinen einen von der Software selbst erstellten Text, der automatisch dem Artikel-Inhalt (Message-Body) hinzugefügt wird. Im Gegensatz zur Signatur entzieht sich der Footer im wesentlichen dem Einfluß des Benutzers (z. B. Hinweise, durch welche Programme der Artikel verarbeitet wurde).
Ebenfalls unerwünscht sind sogenannte »human gateways«. Man sollte nicht seine Aufgabe darin sehen, Artikel aus verschiedenen für jedermann zugänglichen anderen Newsgruppen, Netzen oder Informationsdiensten (z. B. *Z-Netz*, *T-Online*, *Videotext*, *AOL*, *CompuServe*) ins Netz weiterzuleiten.

4. Ihre Artikel sprechen für Sie – Seien Sie stolz auf sie!

Die meisten Leute im Netz kennen und beurteilen Sie nur aufgrund dessen, was Sie in News und Mail schreiben. Versuchen Sie daher, Ihre Artikel leicht verständlich und möglichst fehlerfrei zu verfassen.
Ein Wörterbuch neben dem Rechner mag als Übertreibung erscheinen, andererseits wird ein möglichst fehlerfreier und gut formulierter Artikel ernster genommen als ein vor Fehlern beinahe unleserlicher oder durch schlechte Wortwahl unverständlicher Artikel.
Bedenken Sie, daß Ihr Anliegen schlecht vertreten wird durch einen Artikel, der nicht elementaren Anforderungen an Stil, Form und Niveau genügt.
Vielleicht lesen Ihre zukünftigen Kollegen oder Ihr zukünftiger Chef mit. Vorurteile bilden sich leicht.

5. Nehmen Sie sich Zeit, wenn Sie einen Artikel schreiben!

Einige Leute denken, es reiche aus, einen Artikel in wenigen Minuten in den Rechner zu »hacken«. Besonders im Hinblick auf die vorange-

gangenen Punkte ist das aber kaum möglich. Sie sollten sich Zeit nehmen, um einen Artikel zu verfassen.
Vergewissern Sie sich vor dem Schreiben, ob nicht bereits andere eine gleichwertige Antwort verfaßt haben. Dadurch kennen Sie einen Teil der nachfolgenden Diskussion und können vorgebrachte Argumente bei Ihrem Beitrag schon berücksichtigen.
Jeder Artikel sollte vor dem endgültigen Abschicken mindestens einmal vollständig durchgelesen und überarbeitet werden.
Manchmal empfiehlt es sich auch, den Artikel noch einmal zu überschlafen. Oft stellt sich am nächsten Tag heraus, daß man zu impulsiv reagiert oder eine Beleidigung verfaßt hat.

6. Vernachlässigen Sie nicht die Aufmachung Ihres Artikels!

Durch Groß- und Kleinschreibung wird der Text leserlicher. Absätze dienen der Gliederung und lockern den Text auf. Darüber hinaus sollten Punkte und Kommas selbstverständlich sein.
Eigener und zitierter Text sollten grundsätzlich durch eine Leerzeile getrennt werden. Auf Blocksatz verzichten Sie besser, da unterschiedlich breite Leerschritte das Lesen erschweren.
Sie sollten die Breite der eigenen Zeilen unter etwa 70 Zeichen halten, damit auch nach mehrmaligem Zitieren von Text (Quoten) die Standardzeilenbreite von 80 Zeichen nicht überschritten wird.
Zudem wissen professionelle Schreiberlinge längst, daß Zeilen mit mehr als etwa 70 Zeichen vom Menschen nur noch mit Anstrengung zu lesen sind (zählen Sie doch einmal die Zeichen pro Zeile in Ihrer Tageszeitung).
Weitere grundlegende Hinweise zur Textgestaltung finden Sie beispielsweise im Duden (Regeln für das Maschinenschreiben) oder in der entsprechenden DIN 5008 (Schreib- und Gestaltungsregeln für die Textverarbeitung).

7. Achten Sie auf die »Subject:«-Zeile!

Wenn Sie einen Artikel verfassen, achten Sie bitte besonders auf den Inhalt der »Subject:«-Zeile (umgangssprachlich auch »Betreff« oder »Thema« genannt). Hier sollte in kurzen Worten (möglichst unter 40 Zeichen) der Inhalt des Artikels beschrieben werden, so daß ein Leser entscheiden kann, ob er von Interesse für ihn ist oder nicht.

In länger dauernden Diskussionen kann es passieren, daß das Thema, über das debattiert wird, vom ursprünglichen »Subject« abweicht. Bitte ändern Sie die »Subject:«-Zeile entsprechend ab. Eine gute Angewohnheit ist es, wenn Sie das alte Thema zusätzlich auch noch angeben; bei Antworten auf solche Artikel (Followups) sollte das alte Thema aber entfernt werden. Ein Beispiel:
Bei einem Followup schlägt Ihr Newsreader standardmäßig das alte (bisherige) Thema vor:

Subject: Re: Kohlrabi im Vorgarten

Die Diskussion ist aber längst auf das Thema »Erbsen im Treibhaus« abgeschweift. Benutzen Sie das spezielle Schlüsselwort »was:« und ändern Sie wie folgt:

Subject: Erbsen im Treibhaus (was: Kohlrabi im Vorgarten)

Followups auf Ihren neuen Artikel sollten nur noch das Thema

Subject: Re: Erbsen im Treibhaus

erhalten.

8. Denken Sie an die Leserschaft!

Überlegen Sie sich vor dem Posten eines Artikels oder Followups, welche Leute Sie mit Ihrer Nachricht erreichen wollen. Ein Artikel mit dem Titel »Fernseher Bj. 1972 an Selbstabholer« ist in einer regionalen Newsgruppe sicher wesentlich besser aufgehoben als in einer weltweit lesbaren »de.*«-Gruppe.
Wählen Sie die Gruppe (oder Gruppen), in die Sie schreiben, sorgfältig aus. Sie sollten diese Gruppen auch selbst lesen. Posten Sie, wenn irgend möglich, nur in *eine* Gruppe.
Ein »Crossposting« eines Artikels in mehrere, womöglich inhaltlich verwandte Gruppen ist nicht empfehlenswert.
Wenn Sie dennoch ein Crossposting (durch Angabe mehrerer Gruppennamen in der »Newsgroups:«-Zeile) erzeugen, lenken Sie bitte darauffolgende Artikel mit Hilfe der »Followup-To:«-Zeile in *eine* Gruppe.
Benutzen Sie eine Newsgruppe mit der Endung ».misc«, wenn keine dem Thema angemessenere spezielle Gruppe existiert.
Crosspostings über mehrere News-Hierarchien sind grundsätzlich zu vermeiden.

Speziell für Ankauf und Verkauf wurde die Unter-Hierarchie »de.markt.*« eingerichtet, um entsprechende Artikel aus allen anderen Gruppen fernzuhalten. Bitte respektieren Sie das!

9. Vorsicht mit Humor, Ironie und Sarkasmus!

Achten Sie darauf, daß Sie Ihre ironisch gemeinten Bemerkungen so kennzeichnen, daß keine Missverständnisse provoziert werden. Bedenken Sie: In einem schriftlichen Medium kommt nichts von Ihrer Mimik und Gestik herüber, die Sie bei persönlichen Gesprächen benutzen würden.
Im Netz gibt es für diesen Zweck eine Reihe von Symbolen, die man Smileys nennt; die gebräuchlichsten sind »:-)« und »:-(«. Wenn Ihnen nicht sofort auffällt, was diese Smiley-Symbole bedeuten sollen, legen Sie den Kopf doch einfach auf die linke Schulter und schauen Sie noch einmal ... :-)
Für den Leser gilt: Erscheint Ihnen ein Text mißverständlich oder unlogisch, ziehen Sie in Betracht, daß er ironisch oder sarkastisch gemeint sein könnte. Bitten Sie im Zweifelsfall den Autor per E-Mail um eine Erklärung, statt sofort ein Followup zu posten.

10. Kürzen Sie zitierten Text auf das notwendige Minimum!

Es ist eine gute Angewohnheit, kurze Ausschnitte des Textes, auf den man sich bezieht, wörtlich zu zitieren und dem eigenen Text voranzustellen.
Machen Sie es sich zur Angewohnheit, nur gerade so viel Original-Text stehen zu lassen, daß dem Leser der Zusammenhang nicht verloren geht. Zitierter Text (Quote) stellt nur eine grobe Gedankenstütze dar, viel wichtiger ist das, was Sie an neuen, interessanten, eigenen Gedanken hinzuzufügen haben.
Zitieren Sie bereits zitierten Text nach Möglichkeit nicht erneut. Statt Text wortwörtlich zu zitieren, kann er auch durch eine kurze in eckige Klammern [ ] gesetzte Umschreibung ersetzt werden.
Ein Beispiel:

```
>> Wenn Sie einen Followup-Artikel schreiben, wird Ihnen der gesamte
>> Text, auf den Sie sich beziehen, von Ihrem Newsreader-Programm
>> zum Bearbeiten angeboten.
```

```
>> [weitere Ausführungen über Newsreader-Programme gelöscht]
>
> Der Originaltext wird dabei im Allgemeinen durch das Zeichen »>«
> eingerückt (ähnlich wie dieser Absatz), um klar ersichtlich zu

> machen, daß es sich dabei um zitierten Text handelt. Lassen Sie
> zur Übersichtlichkeit zwischen zitiertem und eigenem Text jeweils
> eine Leerzeile Freiraum.
```

Zitieren Sie nur Text, auf den Sie auch Bezug nehmen.
Lassen Sie den Originaltext aber auch nicht ganz weg! Der Leser Ihres Artikels hat den Artikel, auf den Sie sich beziehen, mit hoher Wahrscheinlichkeit nicht mehr exakt in Erinnerung und hat ohne eine Gedankenstütze große Mühe, den Sinn Ihrer Ausführungen zu erkennen.
Das Zitieren von Unterschrift oder Signatur ist eine leider weit verbreitete Unsitte und unerwünscht.
Beim Zitieren sind den einzelnen Zeilen vorangestellte Initialen nicht erforderlich, weil Newsreader-Software an Hand der internen Artikel-Verkettung (wozu das Schlüsselwort »References« im Header von Artikeln dient) dies individuell auf Wunsch darstellen kann. Aus dem gleichen Grund ist bei der einleitenden namentlichen Anrede die Wiederholung von Subject, Message-ID, Newsgroup-Namen, Datum und den meisten anderen Header-Zeilen überflüssig.

11. Benutzen Sie E-Mail!

Wenn Sie dem Autor eines Artikels etwas mitteilen wollen, überlegen Sie bitte, ob dies eine Bereicherung der laufenden Diskussion ist und auch andere interessieren könnte – oder ob nicht eine einfache E-Mail besser geeignet wäre.
Ein Beispiel: Hitzige Diskussionen arten manchmal in wüste Beschimpfungsorgien (sogenannte »Flame Wars«) aus. Spätestens dann ist der Zeitpunkt gekommen, ab dem außer den Streithähnen niemand mehr an der Diskussion interessiert ist.
Auch Hinweise auf Rechtschreibfehler, technische Probleme, offensichtliche Irrtümer oder Netiquetteverstöße tätigt man besser per E-Mail.
Es ist normalerweise unhöflich, Antworten per E-Mail auch noch einmal zusätzlich öffentlich zu posten. Man sollte sich entscheiden: ent-

weder E-Mail oder News, aber nicht beides. Tun Sie es dennoch, sollten Sie unbedingt zu Beginn der Nachricht darauf hinweisen, etwa »[posted and mailed]«. Doch vergessen Sie nicht: Es ist besser, Sie entscheiden sich für *ein* Kommunikationsmedium – E-Mail oder News!
Generell gilt: Wenn Sie etwas mitteilen wollen, das auch Millionen andere Leute interessieren dürfte, benutzen Sie News. Andernfalls ist E-Mail passender.

12. Geben Sie eine Sammlung Ihrer Erkenntnisse an das Netz weiter!

Wenn Sie eine Frage an die Netzgemeinde gestellt und darauf Antworten per E-Mail empfangen haben, welche eventuell auch andere Leute interessieren könnten, fassen Sie die Ergebnisse (sinnvoll gekürzt) zusammen, und lassen Sie damit auch andere von den Antworten auf Ihre Frage profitieren.
Haben Sie mit dem Schlüsselwort »Followup-To: poster« im Header Ihres Artikels veranlaßt, daß Antworten auf Ihren Artikel nicht veröffentlicht, sondern automatisch nur an Sie per E-Mail geschickt werden, sollten Sie nach angemessener Zeit eine Zusammenfassung Ihrer Erkenntnisse veröffentlichen (und diese Absicht auch in Ihrem Artikel ankündigen).
Weisen Sie von vornherein darauf hin, wenn Sie ohnehin eine Zusammenfassung posten wollen. Damit vermeiden Sie überflüssige Antworten der Art »Bitte poste doch eine Zusammenfassung.«, »Bitte sende mir eine Zusammenfassung per E-Mail.«, »Send me a copy.«, »Me too.«, »Add me.« usw.
Entsprechend gilt für die Leser: Wenn Sie gern möchten, daß jemand eine Zusammenfassung veröffentlicht, bitten Sie ihn per E-Mail darum, auf gar keinen Fall öffentlich (Followup).
Bedenken Sie: Es gilt als unhöflich, in einer Newsgruppe, die man nicht liest, nur Fragen zu stellen und Antworten per E-Mail einzufordern. Niemand liest gern Newsgruppen, in denen nur Fragen gestellt werden, aber keine Antworten stehen.

13. Achten Sie auf die gesetzlichen Regelungen!

Achten Sie darauf, daß Sie mit Ihrem Artikel keine Gesetze brechen. Seien Sie vorsichtig beim Zitieren aus urheberrechtlich geschützten Werken. Begehen Sie keine Straftaten. Rufen Sie nicht zu Straftaten auf.

Wenn Sie unsicher sind, ob Sie die Rechte eines anderen vielleicht verletzen könnten, fragen Sie ihn vorher per E-Mail, was er von Ihren Absichten hält.
Das Veröffentlichen von E-Mail ist – abgesehen von seinen möglichen rechtlichen Konsequenzen – unhöflich und sollte nicht ohne die explizite Einwilligung des Autors geschehen.
Da Ihre Artikel von einem Millionen-Publikum gelesen werden, seien Sie zurückhaltend mit dem, was Sie über andere sagen. »Usenet is not a right«, aber natürlich ist Usenet deshalb kein rechtsfreier Raum.

14. Benutzen Sie Ihren wirklichen Namen, kein Pseudonym!

In der Mailboxszene und bei einigen Internet-Anbietern verbergen die Nutzer ihre wahre Identität hinter einem Pseudonym und schreiben manchmal Dinge, die sie sich sonst nicht erlaubt hätten. Aufgrund der negativen Erfahrungen, die viele Leute im Netz mit den Trägern solcher Pseudonyme gemacht haben, sollten Sie Ihre Artikel mit Ihrem wirklichen Namen (»real name«) versehen.
In einigen Newsgruppen, in denen es um sehr sensible Themen geht (zum Beispiel sexuelle Gewohnheiten etc.), werden Pseudonyme bzw. Artikel, die über sogenannte Anonymous-Remailer (auch »Anon-Server« genannt) gepostet wurden, in Ausnahmefällen geduldet.
Pseudonyme bzw. Anonymous-Remailer bieten übrigens keinen Schutz, wenn man dem Netz oder seinen Teilnehmern schaden oder wenn man Straftaten begehen will. Wie bei den meisten elektronischen Medien ist im Ernstfall eine nachträgliche Rückverfolgung möglich.

15. Vorsicht mit Kommerziellem!

Ein gewisses Maß an kommerzieller Information wird im Netz durchaus geduldet. Beispielsweise Adressen von Firmen, die ein bestimmtes Produkt anbieten, nach dem jemand gefragt hat. Als unverschämt gilt dagegen die Verbreitung von reinen Werbeinformationen. Insbesondere dann, wenn ein gewisses Volumen überschritten oder unaufgefordert gepostet wird.
Bedenken Sie: Dies ist ein nicht-kommerzielles Netz, und niemand will die Übertragungskosten für unverlangte Werbung bezahlen.

16. Vorsicht mit Binaries und Multipart-Artikeln!

Binär-Dateien (Grafik, Musik, ausführbare Programme usw.) sind in den Diskussionsgruppen dieses Netzes unerwünscht. Für Binär-Dateien gibt es spezielle Newsgruppen. Im Allgemeinen ist es jedoch besser, auf Binär-Dateien in den News zu verzichten und statt dessen nur auf entsprechende Download-Möglichkeiten via FTP oder WWW hinzuweisen. Gleiches gilt für sogenannte »Multipart« -Artikel. Manche Newsreader-Software kodiert den Artikel-Inhalt in verschiedenen, alternativen Darstellungsformaten (normaler Text, HTML, LaTeX, Word, usw.), obwohl die meisten Netzteilnehmer nur reinen Text darstellen können. Seien Sie rücksichtsvoll und bieten Sie alternative Darstellungsformate besser via FTP oder WWW an. In der »de.*«-Hierarchie ist es üblich, nur normalen Text zu benutzen.

17. »Du« oder »Sie«?

Aus der Deutschsprachigkeit der »de.*«-Hierarchie erwächst die Frage, ob man andere Netzteilnehmer in News und Mail »duzen« oder »siezen« sollte. Es gilt normalerweise: Wer selbst siezt, will gesiezt werden. Wer duzt, will selbst geduzt werden.
Die meisten Teilnehmer der »de.*«-Hierarchie duzen sich jedoch, unabhängig von ihrer gesellschaftlichen Stellung. Und viele, die siezen, tun dies nur anfangs, weil sie noch nicht wußten, daß die meisten ein »Du« bevorzugen. Wird man gesiezt, sollte man aber dennoch nicht gleich mit dem »Du« beginnen, sondern vorher fragen, ob dies für den anderen in Ordnung ist.
Wahrscheinlich ist diese Netiquette einer der wenigen Artikel im Netz, in dem Sie mit voller Absicht gesiezt werden.

Quelle:
Elmar K. Bins & Boris-A. Piwinger
Newsgroups. Weltweit diskutieren. Bonn, Albany, Belmont, Boston u. a. 1997

Zum Ausklang | Der Wegweiser zum Erfolg im Internet

Ihr Online-Marketing wird erfolgreich sein, wenn Sie folgende Faktoren nie aus dem Blick verlieren:

Das Internet ist privat.

Für viele mag es wie ein Widerspruch klingen: Da stellen die Menschen ihre privatesten Daten auf ihre Homepages, erzählen in Online-Chats wildfremden Menschen über sich, hinterlassen Spuren in Newsgroups, Online-Foren und Gästebüchern. – Dennoch gibt es kaum ein privateres Medium als das Internet: Sie dürfen nicht einfach ungefragt Werbebotschaften liefern, und der User will selbst bestimmen, welche Informationen über seine Person er weitergibt.

Das Internet ist auf Vertrauen gegründet.

»Trust« – Vertrauen ist im Internet mehr als nur ein Schlagwort. Das Internet ist ein Medium, in dem sich Gemeinschaften bilden, die sogenannten »Communities«. Das können Besucher einer Website sein, die dort ein Forum vorfinden, in dem sie sich mit anderen austauschen, oder die sich regelmäßig in einem Chatroom treffen. Ihre Mailingliste kann zur Bildung einer solchen Community beitragen – dies wird dann gelingen, wenn Sie das Vertrauen der Teilnehmer gewinnen.

Glaubwürdigkeit ist ein wichtiger Wettbewerbsfaktor.

Es ist im Internet sehr leicht, Botschaften zu transportieren, die Frage ist, wie sehr die Menschen diesen Botschaften glauben. Kontinuierliches Online-Marketing kann dabei helfen, Glaubwürdigkeit zu erreichen. Die Internetgemeinde wird Ihre Aktivitäten allerdings kritisch beobachten: Sind Ihre Äußerungen in Diskussionslisten und in Newsgroups klar, hilfreich und informativ? Antworten Sie rasch auf E-Mail-Anfragen? Steht der Mensch im Mittelpunkt?

Vermeiden Sie die Anonymität.

Jeder Mensch, ob im realen Leben oder im Internet, möchte gerne wissen, wer sein Gegenüber ist. Posten Sie nicht anonym in Newsgroups und Diskussionslisten, und stellen Sie auf Ihrer Website alle Informationen darüber zur Verfügung, wie man Sie erreichen kann. Verschicken Sie alle Ihre E-Mails mit informativen Signaturen.

Bieten Sie den Usern Ihrer Angebote einen Nutzen.

Ob Sie nun eine Website betreiben, einen Newsletter versenden, eine Diskussionsliste moderieren oder an einer solchen teilnehmen: Bieten Sie den Lesern Ihrer Botschaften einen Nutzen. Berichten Sie über interessante Neuigkeiten, über Ihre Erfahrungen und Erkenntnisse. Bieten Sie Rat und Hilfe an. Stellen Sie Ratschläge und Tips, die Sie von anderen bekommen, der Allgemeinheit zur Verfügung.

Seien Sie online.

Um effektives Online-Marketing zu betreiben, ist es zweifellos von Vorteil, regelmäßig Fachzeitschriften und einschlägige Bücher zu lesen, zu Vorträgen zu gehen oder sich in welcher Form auch immer beraten zu lassen. Doch die Erfahrungen, die Sie benötigen, um wirklich zielführendes Online-Marketing zu betreiben, machen Sie nur durch Teilnahme, durch Recherchen im Web, durch Surfen auf den unterschiedlichsten Sites. Das Internet verändert sich in rasantem Tempo, ständig tauchen neue Ideen, neue Perspektiven, neue Tools auf. »Trendsurfen« im Internet ist die beste Möglichkeit, immer am Puls der Zeit zu sein. – Einige lohnende Ziele finden Sie in der Liste der kommentierten Links im Anhang.

Anhang

Glossar

Access

Der Zugang zum Internet, ermöglicht durch den Internet-Service-Provider oder den Online-Dienst (*AOL*, *CompuServe*, *T-Online*).

Account

Zugangsberechtigung für die Benutzung eines Online-Dienstes oder eines Internet-Zugangs; auch Benutzerkonto.

Akronym

Akronyme sind Abkürzungen, die in E-Mails oder im Chat verwendet werden, zum Beispiel »IMHO« – »*In My Humble Opinion*« (meiner bescheidenen Meinung nach) oder »LOL« – »*Lough Out Loud*« (laut herauslachend). Eine Liste der gängigsten Abkürzungen gibt es auf Seite 156 f.

Archiv (Mailinglisten)

Im Archiv, das auf dem Listserver geführt wird, können ältere Nachrichten nachgelesen oder angefordert werden. Newsletter-Archive können auch auf Websites eingerichtet werden.

Attachement

An eine E-Mail angehängte Datei, z. B. ein Text- oder ein Programmfile. Die Daten werden kodiert und beim Empfänger wieder in das ursprüngliche Format konvertiert.

Autoresponder

Programm, das E-Mails automatisch beantwortet. Neben der Verwendung in Form einer Abwesenheitsschaltung kann ein Autoresponder auch zum Versand umfangreicherer standardisierter Texte verwendet werden (Produktinformationen, Preislisten etc.).

Banner

Werbebanner; Werbeform auf Websites in Form einer Grafik, versehen mit einem Link zur Homepage des Werbetreibenden.

Body

»Körper«, der Textteil einer E-Mail.

Bookmark

»Lesezeichen«, das in Form eines gespeicherten URLs (Internetadresse) über die Funktion Bookmarks, Favoriten oder Lesezeichen im Browser angelegt werden kann.

Bounce

E-Mails, die z. B. wegen falscher Adressierung nicht zugestellt werden können, werden vom Mail-Server nicht angenommen und »prallen« ab, so daß der Absender sie wieder zurückerhält.

Browser

Bezeichnung der Software zum Betrachten von Websites (to browse – blättern), setzt den bei der Programmierung von Websites eingesetzten HTML-Code um und stellt so die Seiten dar. Standardbrowser sind der *Microsoft Internet Explorer* und der *Netscape Communicator*, seltener *Opera*.

B-to-B

Business to Business.

B-to-C

Business to Consumer.

Bulk-E-Mail

In großen Mengen verschickte E-Mails, Massenmails.

CGI

Common Gateway Interface – allgemeine Datenaustausch-Schnittstelle. Über eine CGI-Schnittstelle können über einen Webserver Daten mit externen Programmen ausgetauscht werden. CGI-Skripte werden z. B. für Webformulare, Foren und Gästebücher verwendet.

Chat

Die Bezeichnung für »Plauderei« hat sich auch als Begriff für die Applikation, die eine solche Plauderei online ermöglicht, eingebürgert.

Client

Anwendungsprogramm, das mit der Software auf dem Server kommuniziert, z.B. Mail-Client: versendet E-Mails und holt diese vom Mail-Server ab.

Community

Online-Community; Gemeinschaft, »Gemeinde« von Usern, die durch gemeinsame Interessen verbunden sind. Die Mitglieder der Community können sich über eine Website finden, aber auch über eine Diskussionsliste oder Newsgroup. Es gibt offene und geschlossene Communities.

Content

Inhalte, z. B. auf einer Website oder in einem Newsletter.

Digest

Beiträge aus Mailinglisten, die nicht einzeln, sondern zu einem bestimmten Termin in einer einzigen E-Mail gesammelt einlangen. Meist als Alternative zum Ad-hoc-Bezug jeder einzelnen E-Mail auswählbar.

Disclaimer

Erklärung zum Haftungsausschluß. Findet sich häufig am Ende von Newslettern.

Domain-Name

Name eines Webangebotes in der Form »letterfactory.at« – wobei »letterfactory« der Domain-Name, ».at« das Länderkürzel, auch Länderdomain oder Top Level Domain, ist. Der Domain-Name ist Bestandteil des URL: http://www.letterfactory.at/. Die Domain ist die Gruppe aller Server/Computer, die in einem Netz zusammengefaßt sind, in diesem Fall alle Server, die unter der Top Level Domain ».at« erreichbar sind.

Downloaden

Das Herunterladen von Daten von Severn im Internet auf den PC.

E-Commerce

Electronic Commerce. Geschäftliche Nutzung des Internet.

E-Mail-to-Fax-Gateway

Möglichkeit, E-Mails an einen Fax-Server zu schicken, der die Botschaft an eine Faxadresse weiterschickt, wo sie ausgedruckt wird.

E-Mail-Viren

Dieser Begriff wird fälschlich für Software-Viren gebraucht, die per E-Mail in die Computer der Empfänger gelangen. Die Viren befinden sich allerdings nicht in den Mails, sondern in eventuell angefügten Attachements (.exe-Dateien, .com-Dateien, .doc-Dateien mit darin enthalten Makros etc.). Ein reiner Textnewsletter kann also - außer im Attachement - keinen Virus enthalten.

FAQ

Frequently Asked Questions (gesprochen: Ef-Eij-Kju). Liste häufiger Fragen und Antworten. Der Begriff ist vor allem im Usenet sehr gebräuchlich, hier gibt es zahlreiche FAQs zu Themen, die immer wiederkehren. Es wird in Newsgroups auch oft darauf hingewiesen, sich zuerst in FAQs zu informieren, bevor man längst abgehandelte Fragen zum wiederholten Mal stellt. FAQs gibt es auch auf vielen Websites, wo sie Fragen und Antworten zum Gebrauch von Inhalten, aber auch zu Produkten und Dienstleistungen enthalten können.

Filter

Software-Features oder Befehle, mit denen Daten automatisch bearbeitet, weitergeleitet oder ausgegeben werden. So können in Mail-Programmen ein- und ausgehende Mails über individuell konfigurierbare Filter in verschiedenen Ordnern sortiert werden.

Firewall

»Feuermauer«. Methode zur Abschottung von Netzwerken, zum Beispiel um den Zugriff auf das Internet zu beschränken, bzw. als Sicherheitseinrichtung gegen »Angriffe« von Hackern von außen.

Flame

Mehr oder wenige emotionale oder gehässige Mail, mit der man dem Empfänger so richtig die Meinung sagt. Ausgedehnter E-Mailverkehr mittels Flames wird als »Flame War« bezeichnet.

Forwarding

Das Weiterleiten von E-Mails an einen weiteren Empfänger.

Freemail

Gratis-E-Mail-Service, boomende Dienstleistung, da damit hervorragende Zugriffszahlen auf die dazugehörigen Websites erreicht werden. Prominente Beispiele sind *Hotmail* von *Microsoft* oder der deutsche Dienst *GMX*.

FTP

File Transfer Protocol; standardisiertes Internetprotokoll, mit dem Dateien aller Art auf Server hinauf- und von diesen heruntergeladen werden können (z. B. Upload von Websites; Downlaod von Programmen). Ein FTP-Client stellt die Verbindung zum Server her.

Gateway

Rechner, der als Übergang zwischen zwei Netzen fungiert. So gibt es z. B. Gateways, die Online-Dienste wie *AOL* mit dem WWW verbinden, oder Gateways, die Übergänge zwischen E-Mail und WWW ermöglichen.

Header

Kopfzeile einer E-Mail. Enthält neben Angaben zu Absender und Empfänger zahlreiche andere Informationen.

Hoax

Falschmeldung; im Internet: falsche Virenwarnung. Solche Warnungen kommen meist per E-Mail. Mit geübtem Auge sind sie leicht zu erkennen. Informationen dazu gibt es auf http://www.tu-berlin.de/www/software/hoax.shtml; dort kann man auch einen Hoax-Newsletter abonnieren, der regelmäßig über »Neuerscheinungen« informiert.

HTML

Hyper Text Markup Language. Plattformunabhängige »Sprache«, die zur Erstellung von Webseiten verwendet wird. Der Browser interpretiert die Sprache und setzt die Anweisungen auf dem Bildschirm um. Besonderes »Feature« von HTML ist die Möglichkeit, Hyperlinks zu erstellen, was die Entwicklung des World Wide Web erst ermöglichte.

IP-Adresse

Jeder Rechner bzw. Server im Internet trägt eine eigene Nummer, die sich aus vier Zifferngruppen zusammensetzt, z. B. 198.76.54.3. Neben dieser Adresse haben Server meist einen Domain-Namen (www.ihrname.de).

ISP

Internet-Service-Provider; jener Dienstleister, der Ihnen den Zugang zum Internet ermöglicht, indem Sie bei ihm einen Account eröffnen. Die meisten ISP sind nicht nur reine Zugangs-Provider (Access-Provider), sondern bieten zahlreiche Dienstleistungen rund ums Web, wie die Vermietung von Webspace, die Einrichtung von Servern, die Betreuung von Listservern etc.

Logfile

Ein Logfile wird im Zusammenhang mit der Website auf dem Webserver erzeugt. Es speichert Nutzerdaten wie IP-Adresse, das Datum und die Uhrzeit des Zugriffs, den Browsertyp und andere Daten, die bei der Analyse der Nutzerstruktur wertvolle Informationen liefern.

Mailbomb

Versenden großer Datenmengen an ein Mailsystem oder an eine Person, mit dem Ziel, das System bzw. die Mailbox des Empfängers lahmzulegen oder gar den Server zum Abstürzen zu bringen. Wird manchmal bei Verstößen gegen die Netiquette im Usenet angewendet, wenn z. B. jemand unerwünschte Werbung in Newsgroups postet. Ist allerdings eine umstrittene Methode.

MIME

Multipurpose Internet Mail Extension. Protokoll, das den Inhalt einer Binärdatei in eine Textdatei einbindet und damit den Versand von beliebigen Dokumenten per E-Mail ermöglicht.

Moderator

Jene Person, die bei moderierten Mailinglisten die E-Mails vor der Weiterleitung an andere prüft oder die bei unmoderierten Listen für einen geordneten Ablauf sorgt, indem sie bei Konflikten eingreift. Auch in Chaträumen werden häufig Moderatoren eingesetzt.

Netiquette

Die allgemein anerkannten Regeln, wie man im Internet miteinander umgehen sollte. Eine sehr strenge Netiquette herrscht traditionell im Usenet.

Newbie

Liebevolle Bezeichnung für Neuling im Web.

Newsgroups

Die im Usenet organisierten Diskussionsgruppen. In Zehntausenden Gruppen weltweit wird über jedes nur erdenkliche Thema diskutiert.

PageImpression (PageView)

Seitenaufruf und damit Sichtkontakt mit einer einzelnen Seite des gesamten Webauftritts. Es zählt die komplett geladene Einzelseite, egal wie viele Elemente sie enthält.

PageVisit

Zugriff auf ein Webangebot. Solange sich der Besucher auf der Website mit allen Unterseiten aufhält, produziert er PageImpressions.

PGP

Pretty Good Privacy; ein Programm zur Verschlüsselung von Daten zum Versand im Internet.

Portal

Portale oder Portalsites sind Websites, die sich als »Eingangstore« zum Internet präsentieren. Oft sind Portale rund um Suchmaschinen aufgebaut und bieten zahlreiche Features wie Nachrichten, Download-Möglichkeiten, personalisierbare Dienste wie Kalender und Erinnerungsdienste aller Art.

Posting

Beiträge in Newsgroups werden als Postings bezeichnet, der Vorgang des Versendens als Posten.

Push-Prinzip

Informationsbeschaffung im Internet, die nach dem Prinzip des Sich-bringen-Lassens funktioniert, z. B. durch das Abonnieren verschiedener Dienste, die die Informationen dann automatisch zuliefern. Das Gegenteil ist das Pull-Prinzip: Der User holt sich die Informationen selbst.

Redaktionssystem

Software zur inhaltlichen Betreuung von Websites. Texte etc. werden über eine User-Oberfläche eingepflegt, ohne die Struktur der HTML-Seiten zu verändern. Mit Redaktionssystemen kann die Verwaltung gesamter Webauftritte organisiert werden.

Reply

Antwort auf eine E-Mail oder ein Posting im Usenet. In der Betreffzeile wird von den meisten Mail-Programmen »Re:« für Reply oder »AW:« für Antwort eingefügt.

Robinson-Liste

Liste von Personen, die keine Werbesendungen bekommen möchten.

Server

Rechner oder Software, deren Aufgabe es ist, einem Client (ebenfalls eine Software) Daten zur Verfügung zu stellen.

Shareware, Freeware

Shareware ist Software, die gegen eine geringe Gebühr verwendet werden darf. Freeware ist kostenlose Software.

Signatur(e), Sig

»Anhängsel« am Ende einer E-Mail, die wie eine Visitenkarte bestimmte Daten über den Absender beinhalten kann. Nicht zu verwechseln mit der sogenannten »elektronischen Signatur«, einem zur Zeit vieldiskutierten Verfahren zur Authentifizierung im Web.

Smileys

Auch Emoticons genannt. Zeichenkombinationen, die zu »Gesichtern« zusammengesetzt verschiedene Gefühle ausdrücken :-) .

SMS

Short Message Service. In der Mobiltelefonie verwendeter Dienst zur Übermittlung von kurzen Textnachrichten.

Snail Mail

Schneckenpost. Scherzhafte Bezeichnung für Post (im realen Leben) – im Gegensatz zur schnellen E-Mail.

Spam

Massenhaft und unverlangt verschickte E-Mail-Werbung.

Subject

Auch »Betreff«.

Tags

HTML-Tags. In spitze Klammern gesetzte Anweisungen der Seitenbeschreibungssprache Hypertext Markup Language.

Targeting

Zielgruppenorientierte Werbung (engl. target = Ziel).

TCP/IP

Transmission Control Protocol/Internet Protocol. Das Protokoll, das die Datenübertragung über das Internet ermöglicht. TCP zerlegt die Dateien in Pakete, IP verschickt sie, und TCP empfängt sie und setzt sie wieder zusammen.

Thread

Faden. Abfolge von E-Mails oder Usenet-Postings zum selben Thema, miteinander hierarchisch verbunden.

TKP

Tausender-Kontakt-Preis. Meßgröße im Online-Marketing, die z. B. festlegt, wieviel die Schaltung eines Banners auf einer Website kostet. Der Begriff stammt aus der Printwerbung.

URL

Uniform Resource Locator, Internet-Adresse in Form von http://www.name.de/.

Usenet

Ein Netz aus Newsgroups, d. h. Diskussionsforen, die über Newsserver auf der ganzen Welt miteinander verbunden sind. Das Usenet ist technisch »älter« als das World Wide Web und hat unter anderem die Netiquette, den Verhaltenskodex im Internet, hervorgebracht.

WAP

Wireless Application Protocol. Technologie zur Übertragung von Inhalten aus dem WWW auf spezielle Mobiltelefone.

Web-Mailer

Statt über einen Mail-Client wird der Mail-Account über ein Web-Interface bedient (z. B. *Hotmail* von *Microsoft; http://www.hotmail.de/*).

Website

Der Webauftritt in seiner Gesamtheit, mit der Homepage (Startseite) und allen Unterseiten. Die Struktur wird häufig in Form einer Sitemap dargestellt.

Weiterführende Links

Die folgende Auswahl von weiterführenden Webangeboten soll Ihnen die Orientierung in den unendlichen Weiten des World Wide Web erleichtern. Sämtliche der genannten Sites zeichnen sich durch hohen Informationsgehalt und Aktualität aus. Die Kommentare können allerdings nicht mehr als eine Kurzcharakteristik sein, das eigenständige Stöbern in den Angeboten lohnt sich auf jeden Fall.
Um Ihnen das Surfen zu erleichtern, finden Sie sämtliche Links auf meiner Website http://www.letterfactory.at/ vor. Die Online-Liste wird ständig auf dem laufenden gehalten, Hinweise auf interessante Webangebote und auf Neuigkeiten werde ich gern berücksichtigen.

Abseits.de

Diese umfangreiche Website bietet in der Rubrik »Webmaster« eine sehr gute Sammlung von Ressourcen zu allen Themen rund ums Internet, darunter auch E-Mail-Marketing. Das Angebot wird ständig aktualisiert. Auch der »Rest« von Abseits.de hat einiges zu bieten – lassen Sie sich überraschen. Pflichtbookmark! Sprache: Deutsch.
http://www.abseits.de/

Adguide.de

Webkatalog zu Internet-Advertising, Marketing und E-Commerce. Sehr nützlich bei der Recherche von Webangeboten und Dienstleistungen in den Bereichen Bildung, Marketing, Medien, Webpromotion etc.; mit umfangreichem Freelancer-Verzeichnis. Dazu gibt's interessante News aus dem Horizont-Verlag. Sprache: Deutsch.
http://adguide.de/

Agenturcafe

Der Recherchepool für Kommunikationsprofis zeigt auch dem Einsteiger in Online-Marketing und Online-PR die neuesten Trends und die wichtigsten Werkzeuge. Sprache: Deutsch.
http://www.agenturcafe.de/

AIM – Austrian Internet Monitor

Zahlen zur Internetnutzung in Österreich, die quartalsweise unter 18.000 Österreichern, davon 3000 Internet-Usern, erhoben werden. Einige Ergebnisse sind online abrufbar. Sprache: Deutsch.
http://www.integral.co.at/aim/index.htm

Akademie.de

Die »Online-Akademie«, an der Einsteiger und Profis nicht vorbeikommen! Schulungsangebote, News, Tips, Ressourcen zu sämtlichen Themen, die auch in diesem Buch behandelt werden. Sprache: Deutsch.
http://www.akademie.de/

Klaus Arnhold PR

Viele sehr nützliche Ressourcen zu den Themen Newsletter, E-Mail-Marketing, Online-Marketing und Online-PR. Sprache: Deutsch.
http://www.klaus-arnhold.de/

Berlecon Research

Wirtschaftsforschung für die Informationsgesellschaft. Schwerpunkt sind wirtschaftliche Analysen im Bereich Medien, Kommunikation und Informationstechnologien, insbesondere im Zusammenhang mit dem Internet. Sprache: Deutsch.
http://www.berlecon.de/

ClickZ Network

Umfassende Ressourcen für das Online-Business. Wer auf der Suche nach Trends im Online-Marketing ist, der ist auf dieser US-Site genau richtig. Eine eigene Rubrik widmet sich dem E-Mail-Marketing. Sprache: Englisch.
http://www.clickz.com/

Das Cluetrain-Manifest

Wer sich mit Marketing im Web befaßt, dem geben die 95 Thesen des Cluetrain-Manifests wertvolle Hinweise zur Ethik des Online-Marketings. Lesenswert ist nicht nur das Manifest, sondern auch die Kommentare auf der Website. Sprache: Englisch, Deutsch u.a.
http://www.cluetrain.com/

Contentious.com

Wer sich mit der Gestaltung von »Content« (Inhalt) im Web und in Mailinglisten befaßt, findet hier wertvolle Tips aus der Praxis. Mailingliste zu Online-Writing. Newsletter informiert über Neues auf der Site. Sprache: Englisch.
http://www.contentious.com/

DMMV – Deutscher Multimedia Verband

Serviceplattform für Mitglieder, vieles ist auch öffentlich zugänglich. Marktdaten, Termine, Wettbewerbe. Verzeichnis von 200 Links zur Marktforschung, zu erreichen über den Link »Jumppage«. Sehr gute Literaturhinweise. Sprache: Deutsch.
http://www.dmmv.de/

ECIN – Electronic Commerce InfoNet

Allererste Adresse für Online-Marketing und E-Commerce. Dieses deutschsprachige Portal bietet sowohl Einsteigern als auch Profis alles, was sie über das Online-Geschäft und über Web-Marketing wissen müssen. Sprache: Deutsch.
http://www.ecin.de/

EC-Guide

Der eCommerce-Guide hilft, relevante E-Commerce-Informationen im Web zu finden: aktuelle News, Hintergrundreportagen, kommentierte Weblinks gibt's hier ebenso wie Informationen über wichtige Gesetzesregelungen, Veranstaltungen und Wettbewerbe. Sprache: Deutsch.
http://www.ec-guide.com/

ECO

Electronic Commerce Forum. Informationsquelle zum Thema E-Commerce. Berichtet über Trends und Entwicklungen. Geschlossener Bereich für Mitglieder. Sprache: Deutsch.
http://www.eco.de/

e-commerce magazin

Online-Ausgabe der monatlich erscheinenden deutschen Zeitschrift »e-commerce magazin« – Geschäftserfolg im Internet. Mit Verzeichnis der Top-Adressen für E-Business. Sprache: Deutsch.
http://www.e-commerce-magazin.de/

E-Commerce-Systeme

Das E-Commerce Competence Center des Fraunhofer-Anwendungszentrums für Logistikorientierte Betriebswirtschaft (ALB) in Paderborn und seine Partner bieten hier hochkarätige Informationen zum Thema E-Commerce. Know-how, Literaturtips, Marktspiegel mit Tests von E-Commerce-Systemen und vieles mehr. Sprache: Deutsch.
http://www.e-commerce-systeme.de/

E-Mailtoday.com

Alles zum Thema E-Mail. Links zu Software-Anbietern, zu diversen E-Mail-Diensten. Zwar auf den US-Markt orientiert, aber wertvolle Informationen für alle, die sich über Trends in diesem Bereich informieren wollen. Sprache: Englisch.
http://www.emailtoday.com/

Everything E-Mail

Diese US-amerikanische Website beschäftigt sich umfassend mit allem zum Thema E-Mail; Glossar, Tips, umfassende Linksammlung. Sprache: Englisch.
http://www.everythingemail.com/

Horizont.net

»Portal« des Horizont-Verlages. Fülle von News und Infos zu allem rund um E-Commerce, Agenturen, Online-Marketing. Sprache: Deutsch.
http://www.horizont.net/

Frido, der Newsdog

Verzeichnis deutschsprachiger Newsletter mit Bestellmöglichkeit. Sprache: Deutsch.
http://www.frido.com/

Hightext – der Premiumservice für Business in interaktiven Medien

Erstklassig aufbereitete News aus der Welt des E-Business. Im Zentrum stehen Multimedia, E-Commerce und Karriere im Multimedia-Bereich. Zahlreiche Newsletterangebote, vieles davon gratis. Sprache: Deutsch.
http://www.hightext.de/

IMAFDI

»Internet Marketingtips für Diplomanden«, die jedoch nicht nur für Studenten interessant sind. Verzeichnis von Diplomarbeiten, eine umfangreiche Linksammlung und eine Mailingliste – ein Rechercheinstrument ersten Ranges. Sprache: Deutsch.
http://www.imafdi.de/

Internet-Shop.de

Diese Website bietet unter dem Button Service eine sehr gut sortierte Liste von Links zu den Bereichen E-Commerce, Online-Recht und Internet-Statistik. Sprache: Deutsch.
http://www.internet-shop.de/

IVW

Informationsgemeinschaft zur Feststellung der Verbreitung von Werbeträgern. Liefert im Sinne einer »Auflagenkontrolle« monatliche Auswertungen von Zugriffen auf Online-Angebote. Das IVW-Verfahren wird auf der Site erläutert, die bei der IVW gemeldeten Websites werden in einem Ranking präsentiert. Sprache: Deutsch.
http://www.ivw.de/

Kostenlos.de

Verzeichnis von kostenlosen Ressourcen, die das Internet bietet, darunter auch jede Menge Newsletter und Mailinglisten. Weiters Links zu Gratis-Software, Gratis-Features für die Website und Mailinglisten-Services im Web etc. Sprache: Deutsch.
http://www.kostenlos.de/

KBX.de

Verzeichnis von Mailinglisten, betrieben von Speed-Link, einem Anbieter von Dienstleistungen rund um Mailinglisten. Sprache: Deutsch.
http://www.kbx.de/

KMU-Online

Website zum Buch »Internet für Unternehmer – Das 5 x 5 Erfolgsprinzip« von Steve Haite und Felix Bossart. Nähere Angaben siehe Literaturverzeichnis. Sprache: Deutsch.
http://www.kmu-online.ch/

Linksammlung zu E-Commerce

Wer Web-Angebote zu E-Commerce sucht, der wird hier fündig: Hunderte Links, nach Kategorien sortiert und ständig aktuell gehalten, führen in die Welt des Online-Business und des Web-Marketing. Sprache: Deutsch.
http://www.andreas-bethke.de/

Lisde.de

Verzeichnis von Mailinglisten. Sprache: Deutsch.
http://www.lisde.de/

The List of Lists

Großes Verzeichnis von Mailinglisten weltweit. Sprache: Englisch.
http://www.catalog.com/vivian/interest-group-search.html

Liszt.com

Verzeichnis von Mailinglisten, Newslettern, Newsgroups und IRC-Channels. Sprache: Englisch.
http://www.liszt.com/

Meta-List.net

Verzeichnis von Mailinglisten, das von der Speed-Link GmbH Berlin betrieben wird. Mit mehr als 175.000 (!) Listen in zahlreichen Sprachen derzeit das größte Verzeichnis weltweit. Sprache: Deutsch.
http://www.meta-list.net/

Net-Investor

Tägliche News und Informationen zum Thema Business im Internet. In der Rubrik »Specials« gibt's ein praktisches Lexikon zu Internet-Begriffen. Sprache: Deutsch.
http://www.net-investor.com/

Newsletterberater.de

Hervorragendes Angebot rund um Newsletter-Gestaltung und -Marketing. Mit Infos zu Mailinglisten-Versendern, Software, Verzeichnissen. Umfassende Serviceleistungen wie Skripte und Berechnungstools. Dazu gehört ein ebenso empfehlenswerter Newsletter. Sprache: Deutsch.
http://www.newsletterberater.de/

Newsletterbuch

Dieses »elektronische« Buch, das es auch als Mini-CD-ROM gibt, bringt umfangreiche Informationen rund um Newslettergestaltung und Marketingfragen. Sprache: Deutsch.
http://www.newsletterbuch.de/

Newsmail.de

Deutsches Verzeichnis von Newslettern, übersichtlich nach Rubriken geordnet. Mit praktischem Glossar und Mini-Tutorial. Sprache: Deutsch.
http://www.newsmail.de/

Online-Internet-Kurs von Bernd Zimmermann

Internet- und World-Wide-Web-Kurs zum Selbststudium, für Einsteiger und Fortgeschrittene. Übersichtlich gegliedert, höchst informativ. Ein Angebot der Superlative, das auch heruntergeladen und offline studiert werden kann. Sprache: Deutsch.
http://www.www-kurs.de/

ÖWA

Österreichische Web-Analyse. Gegenstück zur IVW in Deutschland, also die »Auflagenkontrolle« im Web. Das Meßverfahren wird mit der IVW abgestimmt. Sprache: Deutsch.
http://www.oewa.at/

Pförtnerloge

Public Relations im Internet – die Pförtnerloge weiß, wo's langgeht. News, Quellen, Linktips zu allem, was PR im Internet und für das Internet betrifft. Ein Web-Diamant! Sprache: Deutsch.
http://www.pfoertnerloge.de/

Planet IT

Online-Community für IT-Verantwortliche und Interessierte, die sich unter anderem mit den neuesten Trends in den Bereichen E-Commerce, Web-Entwicklung und Telekommunikation befaßt. Die Registrierung ist kostenlos. Sprache: Englisch.
http://www.planetit.com/

Poor Richard's Website

Ressourcen zu Web-Design und Web-Marketing in Form einer Sammlung von 800 Links sind auf dieser Site, einem Zusatzangebot zum Buch »Poor Richard's Website« von Peter Kent, zu finden. Sprache: Englisch.
http://www.poorrichard.com/

Screen Business Online

Webauftritt des Printmagazins »Screen Business Online«, das sich jeden Monat mit den neuesten Trends in den Bereichen E-Business und kommerzielle Nutzung des Internet beschäftigt. Die Website bringt neben ausgewählten Artikeln aus der Zeitschrift News aus der Welt des E-Commerce und des Marketings im Web. Sprache: Deutsch.
http://www.screen-online.de/

Textschmiede

Website eines Technischen Redakteurs, der Dienstleistungen rund um das Verfassen von Texten anbietet. Hervorragend kommentierte Linksammlung. Sprache. Deutsch.
http://www.textschmiede.de/

W3B

Die W3B-Umfrage von Fittkau & Maaß ist die größte unabhängige deutschsprachige Meinungsumfrage im Internet. (Mehr als 30.000 User beteiligten sich an der 10. Umfrage im April/Mai 2000.) Abgefragt werden demographische Daten und Nutzerverhalten. Sprache: Deutsch.
http://www.w3b.de/

w&v online

Internet-Ausgabe des Fachblattes w&v (werben & verkaufen). News, Trends, Umfrage-Ergebnisse, Service rund um Marketing online und offline. Umfangreiches Archiv. Sprache: Deutsch.
http://www.wuv.de/

Webagency

Alles über E-Commerce – von Basisinformationen über Tips für mittelständische Unternehmen und Leitfäden bis hin zur Vorstellung von E-Commerce-Software – bietet dieses umfangreiche Angebot. Sprache: Deutsch.
http://www.webagency.de/

Web Marketing und E-Commerce mit Dr. Wilson

Zweitausend Artikel zum Thema Online-Business sind auf dem E-Commerce-Portal von Dr. Wilson versammelt. Diese amerikanische Top-Site zählt zum Pflichtprogramm für jeden, der sich mit Web-Marketing beschäftigt. Sprache: Englisch.
http://www.wilsonweb.com/

Web-Worker

News, Tips und Tools für professionelles Webdesign und Online-Marketing. Mit Case-Studies und Online-Workshops. Sprache: Deutsch.
http://www.web-worker.de/

Werbeformen.de

Sehr guter Überblick über Werbeformen im Internet, mit Beispielen. Ein Angebot des DMMV. Sprache: Deutsch.
http://www.werbeformen.de/

Literatur

Wie bei den Webtips handelt es sich auch bei den weiterführenden Literaturhinweisen lediglich um einen kleinen Ausschnitt aus dem tatsächlichen Angebot. Alle genannten Titel sind sehr praxisorientiert und bieten selbst wieder zahlreiche Verweise auf ergänzende Angebote. Aktuelle Neuerscheinungen finden Sie überdies auf der Website zum Buch.

Anita Berres
Marketing und Vertrieb im Internet. Ein Leitfaden für mittelständische Unternehmen. Berlin, Heidelberg 1997
Überblick über das Internet und seine Möglichkeiten für Marketing und Vertrieb, Realisierung von Webauftritten aus Marketingsicht, Checklisten. Gute Einführungslektüre, doch etwas unübersichtlich.

Elmar K. Bins & Boris-A. Piwinger
Newsgroups. Weltweit diskutieren. Bonn, Albany, Belmont, Boston u. a. 1997
Die »Bibel« für Usenet-Nutzer. Geschichte und Struktur des Usenet, Nutzung der Diskussionsgruppen. Beschreibung von Newsreadern. Dokumente, Ressourcen, Software. Standardwerk mit sehr hohem praktischen Nutzwert.
http://www.detebe.org/usenet-buch/

Heino Büchner, Oliver Zschau, Dennis Traub, Rik Zahradka
Web Content Management. Websites professionell betreiben. Bonn 2001.
Das Buch führt in das Funktionsprinzip von CMS ein und bietet einen Überblick über Anforderungen und Entwicklungen in diesem Bereich. Hinweise zur Projektgestaltung und -abwicklung sowie zu Kosten und sonstigen Ressourcenfragen bietet das Werk ebenso wie ein ausführliches Glossar.
http://www.galileo-press.de/

Nancy und Tom Flynn
Professionelle E-Mails. Schreiben. Texten. Gestalten und Verwalten. Wien, Frankfurt 1999 (New Business Line)
Einführung in das Thema E-Mail. Vermittelt technisches und gestalterisches Grundlagenwissen.
http://www.ueberreuter.de/

Seth Godin
Permission Marketing. Kunden wollen wählen können. München 2001.
»Wie aus Fremden Freunde machen und wie Freunde zu treuen Kunden werden«
Beim »Permission Marketing« gibt der User sein Einverständnis, Werbebotschaften empfangen zu wollen. Diese »Erlaubnis-Vermarktung« soll zu erhöhter Kundenbindung und zu einem verbesserten Dialog mit dem Kunden führen. Zum Kultbuch von Seth Godin gibt es auch eine Website.
http://www.permission.com/

Klaus Haasis & Ansgar Zerfaß (Hrsg.)
Digitale Wertschöpfung. Multimedia und Internet als Chance für den Mittelstand. Heidelberg 1999
Vorstellung konkreter Konzepte und deren Umsetzung in der Praxis in Form von Webauftritten und Online-Marketing-Konzepten deutscher mittelständischer Unternehmen. Checklisten, kommentiertes Literaturverzeichnis mit sehr vielen nützlichen Links. Hoher praktischer Nutzwert.
http://www.mfg.de/dws/
http://www.dpunkt.de/

Steve Haite und Felix Bossart
Internet für Unternehmer. Das 5x5-Erfolgsprinzip. Smartbooks, Kilchberg 1999
Praxisbezogene Einführung in das Thema Internet. Sehr umfangreich, dennoch durch gute Gliederung sehr übersichtlich.
http://www.smartbooks.ch/

Andrea Hoffmann, Ray M. Rosdale (Hg.)
500 Tipps und Tricks zur Internet-Nutzung. Kosten sparen. Software beherrschen. Kompetent nutzen. München 1999
Das Buch zum Newsletter Tipps & Tricks von Akademie.de. Sehr hoher praktischer Nutzwert.
http://www.tipps-tricks.de/
http://www.akademie.de/

Crawford Kilian
Writing for the Web. Hook surfers' attention. Write informative, persuasive web text. Create dynamic personal and corporate web pages. North Vancouver, Canada 1999
Einführung in das Schreiben für das Web. Trotz der Orientierung auf den angelsächsischen Raum bieten die vielen praktischen Tips auch hierzulande eine brauchbare Hilfestellung zum Thema.
http://www.self-counsel.com/

Uwe Kreisel & Pamela Ann Tabbert
E-mail English. Fit in Kommunikation und Technik. Reinbek bei Hamburg 1997
Sehr praktisches Taschenbuch, das beim Einarbeiten in das Thema E-Mail, beim Testen von Mail-Software und beim täglichen Mailverkehr nicht fehlen darf. Anschauliche Erklärung sämtlicher beim Thema E-Mail auftauchender englischer Begriffe und Meldungen. Sehr hoher praktischer Nutzwert.

Jay Conrad Levinson & Charles Rubin
Guerilla Marketing Online. Chancen für kleine und mittlere Unternehmen im weltweiten Datennetz. Ein Schritt-für-Schritt-Führer. München 1997
Einführung in das Online-Marketing, spannend wie ein Krimi, praxisorientiert. Hoher praktischer Nutzwert.

Jay Conrad Levinson & Charles Rubin
Guerilla Marketing im Internet. Tips & Tricks für kleine und mittlere Unternehmen. Zürich 1999
Einhundert spezifische Strategien, wie Ihre Online-Präsenz zur Kundenbindung und zur Verkaufsförderung beiträgt. Gut strukturiert und übersichtlich. Der Enthusiasmus der beiden Autoren ist durchaus ansteckend.

Patrick J. Lynch, Sarah Horton, Ray M. Rosdale (Hg.)
Erfolgreiches Web-Design. Websites konzipieren. Design-Prinzipien. Für Einsteiger und Fortgeschrittene. München 1999
Auf weniger als 200 Seiten wird hier zusammenfaßt, was gutes Webdesign ausmacht. Diese Publikation, im Zusammenhang mit den Online-Workshops von Akademie.de entstanden, ist für den praktischen Einsatz im kleinen und mittleren Unternehmen konzipiert. Sehr hoher praktischer Nutzwert.
http://www.akademie.de/

Nina Pawlowitz
Marketing im Internet. Wien, Frankfurt, 2., aktualisierte Auflage 1999 (New Business Line)
Kompakte Einführung in das Thema, Darstellung von Zielgruppenpotentialen, Einsatzmöglichkeiten, Umsetzung und Implementierung von Marketing-Maßnahmen im Internet. Checklisten. Sehr hoher praktischer Nutzwert.
http://www.ueberreuter.de/

Norbert Salomon & Harald Netz
E-Mail für alle. Alles über E-Mail. Kilchberg 1998
Umfassende Einführung in Technik und praktische Anwendung von E-Mail. Geht auch auf die Besonderheiten von Online-Diensten ein. Mit CD-ROM.
http://www.smartbooks.com

Torsten Schwarz
Permission Marketing – macht Kunden süchtig. Würzburg 2000.
In Anlehnung an »Permission Marketing« von Seth Godin zeigt Schwarz die Möglichkeiten der Umsetzung im Online-Marketing. Viele praktische Tips.
Das Buch kann teilweise von der Website heruntergeladen werden.
http://www.torsten-schwarz.de/

Alan Schwartz
Managing Mailing Lists. Majordomo, LISTSERV, ListProc, and SmartList. Cambridge, Köln, Paris u. a. 1998
Standardwerk aus dem O'Reilly-Verlag, englischsprachig, jedoch durch übersichtliche Gliederung leicht verständlich. Unerläßliches Werkzeug für alle, die sich mit der Konfiguration von Mailinglisten-Software beschäftigen wollen. Alle Befehle. Hoher praktischer Nutzwert.
http://www.oreilly.com/

Alan Schwartz und Simson Garfinkel
Stoppt Spam – kurz & gut. Köln 2000.
Dieses Büchlein aus »O'Reillys Taschenbibliothek« faßt die Problematik »Spam« in handlicher Form zusammen. Neben einer detaillierten Einführung in das Thema gibt es jede Menge Hinweise, wie man als Empfänger Spam ausfiltert.

Patricia Seybold, Ronni T. Marshak
königkunde.com. Wie erfolgreiche Unternehmen im Internet Geschäfte machen. München, Düsseldorf 1998
Interessante Fallstudien aus der Welt des E-Commerce. Prominente Internet-Unternehmen werden vorgestellt, und ihre Strategien werden beschrieben. Wer des Englischen mächtig ist, sollte sich allerdings der Originalausgabe (Customer.com) bedienen.
http://www.customer.com/

Bud Smith & Frank Catalano
Marketing online für Dummies. Mehr Erfolg durch Online-Marketing. Bonn 1998.
Sehr gute Einführung in das Thema, auch für Einsteiger sehr gut geeignet. Hoher praktischer Nutzwert.

Markus Stolpmann
Online-Marketingmix. Kunden finden, Kunden binden im E-Business.
2. Auflage, Bonn 2001.
Kompakte Abhandlung über die Möglichkeiten, mit E-Commerce und Online-Marketing zur Kundenbindung beizutragen. Hoher praktischer Nutzwert
http://www.galileo-press.de/

Markus Stolpmann
Kundenbindung im E-Business. Loyale Kunden – nachhaltiger Erfolg. Bonn 2000.
Wie aus Surfern loyale Kunden werden, das zeigt Markus Stolpmann in diesem Buch. Wie schon in »Online-Marketingmix« setzt der Autor auf Praxisnähe und Umsetzbarkeit der von ihm beschriebenen Maßnahmen.
http://www.galileo-press.de/

Axel Zerdick, Arnold Picot, Klaus Schrape u. a.
Die Internet-Ökonomie. Strategien für die digitale Wirtschaft. Berlin, Heidelberg, New York 1999.
Report des »European Communication Council«, einer Gruppe von vorwiegend europäischen Kommunikationswissenschaftlern, mit Analysen und Prognosen zur Entwicklung des europäischen Internet und des Telekommunikationsmarktes. Trotz eines sehr theoretischen Ansatzes interessant für den Praktiker, der sich mit E-Commerce und Marketing-Strategien im Internet auseinandersetzt.

Zeitschriften

Das Internet ist schnellebig. Beinahe täglich ein neuer Trend, eine neue Prognose. Bücher zu Online-Themen hinken zwangsläufig immer hinterher. Daher ist es für das Online-Marketing besonders wichtig, sich durch Zeitschriftenlektüre auf dem laufenden zu halten. Hier meine Empfehlungen (alle angeführten Zeitschriften sind deutschsprachig):

Business 2.0
Ableger des gleichnamigen US-Magazins. Anspruchsvolles Magazin mit fundierten Analysen und Beiträgen zum Thema E-Business. Erscheint monatlich.
http://www.business20.de/

Screen Business online
Professionell gestaltetes Magazin zu den Themen E-Commerce, E-Company, Distribution. Zahlreiche Linktips. Jeder Ausgabe ist eine CD-ROM mit Demoversionen und Tools beigeklebt. Erscheint monatlich.
http://www.screen-online.de/

c't – magazin für computer technik
Der Klassiker unter den Computerzeitschriften hat über die Jahre nichts an Qualität eingebüßt. Hardware, Software, Internetnews. Testberichte. Erscheint vierzehntägig.
http://www.heise.de/ct

eMarket
Wöchentlich erscheinendes Magazin zum Thema E-Marketing. Die Website bietet interessante Informationen sowie einen ebensolchen Newsletter.
http://www.emar.de/

Internet Professionell
Das Magazin von Ziff Davis bringt viele praxisorientierte Tips, Bewertungen von Websites, Buchbesprechungen und News zu E-Commerce und Webdesign. Die beigeklebte CD-ROM bietet immer interessante Tools. Erscheint monatlich.
http://www.zdnet.de/

Internet World
Magazin »für Internet Professionals«. News und Praxistips. Testberichte. Erscheint monatlich.
http://www.internet-world.de/

ecommerce magazin
Diese Zeitschrift widmet sich den neuesten Trends im Bereich E-Commerce. Interessante Fallstudien. Erscheint monatlich.
http://www.e-commerce-magazin.de/

Net-Business
Wöchentlich erscheinendes Magazin zu allem rund um E-Business, Karriere, Lifestyle und Job.
http://www.net-business.de/

w&v
Wöchentliche News aus der Welt des Marketings, und der Bereich Online-Marketing nimmt dabei eine wichtige Stellung ein. Dazu gibt es eine äußerst informative Website.
http://www.wuv.de/